思春期の「つながる気持ち」はどこへ行く？

学校に行きづらい子どもとネット・ゲーム・SNS

関 正樹

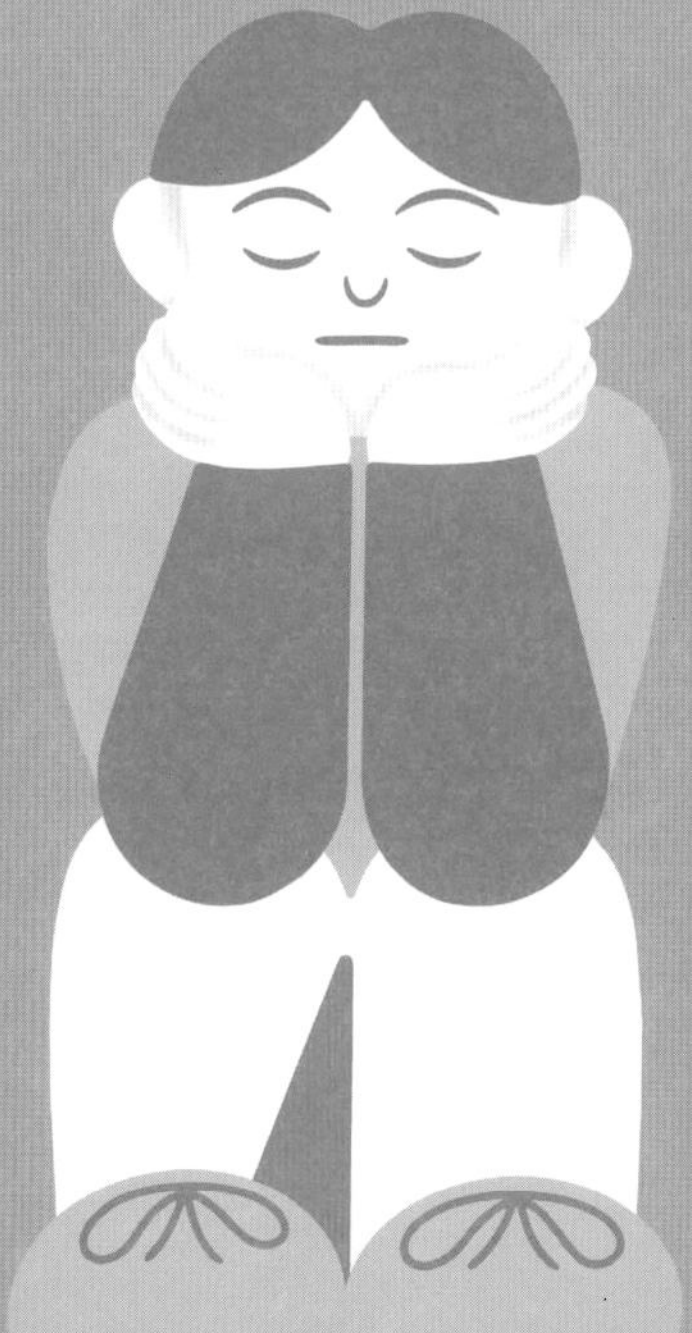

日本評論社

思春期の「つながる気持ち」はどこへ行く？

はじめに

思春期というと、みなさんはどんな子どもたちの姿を思い描くでしょうか？「反抗期」と結びつける人もいるでしょうし、「自立の時期」を思い浮かべる人もいるかもしれません。一般的には、思春期とは、第二次性徴に伴う身体的な変化を背景に、大人社会という未知の領域へと足を踏み出す時期だといわれています。そして、これまでは大好きだった親の庇護がちょっと嫌になるとともに、友だちを含む他者の目を強く意識するようになる時期でもあります。

　これは素朴に描いた思春期のありようですが、実は子どもたちにとって、この時期を何事もなく生き抜いていくことはそれほど簡単ではありません。思春期の心理的課題は、それまでの両親への依存から離れ、親から受け継いだ価値観などを組み替えて、一人の人間として自我を確立することにありますが、その過程では当然、親子間の葛藤が大きくなります。かつてに比べれば、現代では親子間の葛藤が目立つケースは減っていますが、それでも多くの子どもたちは、だんだん親の言うことを聞かなくなり、洋服や趣味など些細なことで親の言葉に苛立つ姿を見せるようになってきます。家族との約束よりも友だちとの約束の優先度のほうが高くなり、家族との会話もそこそこにＬＩＮＥなどで友だちとの会話を楽しむようになります。

その一方で、思春期においては友だち関係も大きく変化してきます。クラスのみんなが友だちだったそれまでと違い、同じ行動・同じ考えが重要視される集団をつくりますが、このような同調性についていくことに疲れてしまう子どもも少なくありません。

さらに、思春期には、小学校から中学校へと学校環境も変化し、周囲から求められる役割も大きく変化します。そのなかで、子どもたちはしばしば勉強につまずいたり、新しい人間関係につまずいたりします。学校は子どもたちにとって、安心して友だちなどとつながることができる大きな居場所の一つですので、そこでのつまずきはメンタルヘルスのリスクともなります。「学校以外にも居場所ならたくさんある」と言う大人の方もいるかもしれませんが、それは大人には家庭、大学や高校のコミュニティ、趣味のサークルなど、たくさんの仲間とつながる居場所があるからでしょう。けれども子どもにとっては、安心して誰かとつながることができる居場所は学校や家庭くらいであることがほとんどです。そのため、思春期を取り巻く変化につまずいた子どもたちが、ＳＮＳやオンラインゲームなどの世界につながりを求めることも珍しくありません。「それは危ない」と警鐘を鳴らすことは、本質的にはあまりよい効果をもたらさないでしょう。なぜなら、そこにつながりたいと考える子どもたち、あるいはつながりを求めざるを得ない子どもたちの気持ちを無視しているからです。

本書では、そのような「つながる気持ち」の背景やそのゆくえについて、事例を読み解きながら考えていこうと思います。

思春期の「つながる気持ち」はどこへ行く？　目次

ゲームやネットにお金を使ってしまうとき

「つながる気持ち」のゆくえ

第1章 「生きているのがつらい」とＳＮＳでつぶやく子どもたち

「死にたい」って思うけど、誰にもそんなこと言えない。ＳＮＳでそっとつぶやく。誰も知らない本当の自分。真っ暗ななかでスマホが光る。誰かが私の気持ちに「いいね」を押してくれた。本当の私を「いいね」って言ってくれたみたいだ。

子どもの居場所とＳＮＳ

令和四（二〇二二）年度の「情報通信メディアの利用時間と情報行動に関する調査」によれば、一〇代のＬＩＮＥ、Instagram、Twitter（現Ｘ）の利用率は、それぞれ九三・六％、七〇・〇％、五四・三％とされている。[1] 中学生においても、八〇・八％がＬＩＮＥ（八八・六％）

やTwitter（四九・六％）などのＳＮＳを利用しており、[2]現代では、大人が好む、好まないにかかわらず、多くの子どもにとってＳＮＳは身近なものとなっている。

多くの中学生は、友だちや知り合いとコミュニケーションをとるため（七七・一％）、学校や部活動の連絡のため（六八・一％）など、地域や学校でつながりのある友だちや知り合いとの連絡にＳＮＳを使っている。一方で、インターネット依存度が高い中学生は、ストレスを解消すること（五二・七％）や現実から逃れること（四七・五％）、新しく友だちを作ること（三一・七％）といった目的でＳＮＳを利用しており、[2]ＳＮＳ上だけでやりとりするような「ネッ友」とつながることも多いだろう。これらの調査からは、リアルでつながりがあり、居場所がある子どもと、リアルに生きづらさがあり、居場所がない子どもとでは、ＳＮＳの利用の仕方や利用しているＳＮＳの種類が異なるだろうということが推測される。

ＳＮＳ上では、驚くほど多くの子どもが「生きるのがつらい」「死にたい」とつぶやいている。それを見て、「若いのになんでそんなこと言うの？」と思う大人もいるかもしれない。また、ネット上のやりとりへの不安や、報道で見聞きした事例などの影響もあり、「ＳＮＳに『死にたい』と書いてはいけない」「親や先生に相談を」と警鐘を鳴らす大人もいるかもしれない。もちろん、それは間違ったことではなく、そうした警鐘が意味をもつ場合もあるだろう。けれどもその警鐘は、ＳＮＳに「生きているのがつらい」「死にたい」と書き込む子どもに本当に響いているのだろうか？

ＳＮＳに「生きているのがつらい」「死にたい」と書き込む子どもたちの心情について、私たちはもう少し考えてみる必要があるように思う。

友だちというつながりと子どもの生きづらさ

小学校に入学したばかりの子どもは、家族という対人関係の枠組みを離れ、学校という社会に適応することが求められる。そこでは社会的な権威の象徴である先生や、自分以外の子どもたちとの関係を維持することが課題になる。子どもたちはお互いを友だちとして意識し、競い合いながら、少しずつ自分自身の得意・不得意に折り合いをつけることを学んでいく。

しかし、いわゆる思春期を前にすると、子どもたち同士の関係には変化が生まれてくる。小学校高学年くらいには、同じ行動をすることでの一体感が重要視されるいわゆるギャンググループが形成されることもしばしばあり、そこでは、同じ遊びを共有できる集団のメンバーこそが仲間であり、同じ遊びを共有できない子どもは仲間ではなくなる。中学生ごろには、共通の趣味やクラブなどに加えて「共通言語」が重要視されるチャムグループが形成されるが、チャムグループは、好きなアニメやアイドルの〝布教〟を熱心に行うような高い同調性と同時に、自分たちの共通の趣味や推し、好きなキャラ、その口癖などを知らない子どもは仲間ではなくなってしまうという排他性を内包している。そうした時期を経て、子どもたちはお互いに違う考えや趣味をもっていたとしても、語り合い、認め合うようなピアの仲間関係を育んでいいく。[3]

近年の子どもは、これらのうちチャムグループに長くとどまることも指摘されている[4]が、このような肥大化したチャムグループのなかで、子どもたちは同調性の高い仲間集団から外されないように気をつかい、お互いの気持ちを探りながら生活することを余儀なくされている。また、クラスの対人関係においては「スクールカースト」[5]のような序列があり、子どもたちはそこからこぼれ落ちないように、みずからの序列を超えない振る舞いを要求される。

このようなスクールカーストには、「キャラ」も大きくかかわってくる。キャラという言葉はもともと漫画やアニメ、ゲームなどの登場人物を表す「キャラクター」の略称として一九八〇年代ごろから用いられていたが、一九九〇年代ごろから人間関係における類型的役割を意味する言葉として用いられるようになったといわれている。「いい人」や「天然」「いじられ」などは、キャラを表す言葉として有名なものである。

キャラは名称と同時に、その集団における役割を規定することとなる。キャラを利用することには、人間関係を単純化し相手を理解しやすくする、コミュニケーションが円滑になるといったメリットがある一方で、キャラの固定化やキャラを超えた言動の制限などのデメリットもあることが指摘されている。[6]つまり、キャラがあることで各々の役割が明確化され、相互理解しやすくなり、周囲とのコミュニケーションがうまくいく子どもにとっては、キャラを使用することでコミュニティにおける居場所が得やすくなるだろう。しかし、自分が望んでいないキャラを付与された子どもは、コミュニティにおいて居心地の悪さを感じるかもしれない。

キャラは一度決まってしまうと、属する集団が変わらない限り、変更することはとても難しい。クラスのなかで「お調子者の明るいキャラ」が定められれば、「キャラじゃない」ネガティブな発言をすることにも気をつかう。

このように現代の子どもたちは、学校などにおいて①友だち関係の変化にともなう同調性への適応だけでなく、②自身に与えられた序列やキャラを超えない振る舞いへの適応という二つの適応を求められているといえる。これらが子どもたちの生きづらさにつながっているのかもしれない。

そのような生きづらさから学校に行けなくなった子どもたちと診察室で出会った際に、「今、死にたいとか、生きているのがつらいって思ってしまうことないかな？」と尋ねると、静かに涙を流し、うなずく子どもも多い。

「死にたい」気持ちはどこから来るんだろう？

こうした「死にたい」という気持ちはどこから生じてくるのだろう。

「自殺の対人関係理論」によれば、「所属感の減弱」と「負担感の知覚」が重なるところで、「死にたい」という「自殺願望」が生じ、これに「自殺潜在能力」が重なることで自殺が起こるとされている[7]（図1-1）。

〔図1-1〕自殺の対人関係理論（文献7）

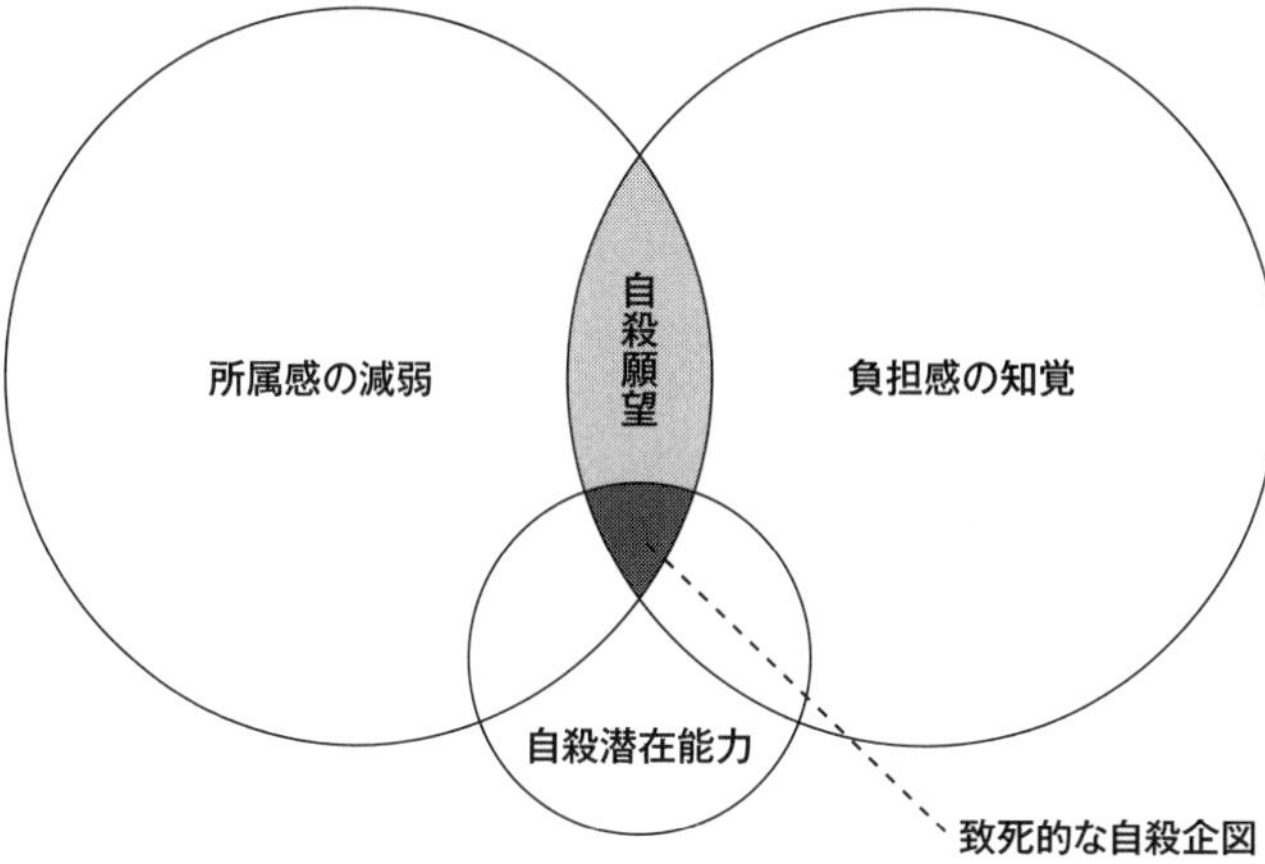

「所属感の減弱」とは、家族や仲間、その他のコミュニティのなかで、自分自身がうまくいっておらず、一人ぼっちであるという感覚である。学校という場所に行けないことは、多くの場合、子どもが大きな居場所の一つをなくしていることを意味する。また、学校に行けない子どもに対して、周囲の大人が本人の気持ちや身体の不調を軽々に扱ったり、「なんで学校に行けないの？」と責めたりすることは、学校以外の居場所をなくすことにつながる場合もある。そんなときに子どもたちは「一人ぼっち」だと感じてしまう。このような感覚は「所属感の減弱」といえる。

「負担感の知覚」とは、他人にとって自分が重荷、負担であるという自己否定の色彩を帯びた感覚である。学校に行けなくなった子どもが「私なんているだけ邪魔だ」

「学校にも行けない私は親に迷惑をかけている」と自分を責めてしまうこともあり、このような感覚は「負担感の知覚」といえる。

この「所属感の減弱」と「負担感の知覚」が重なり合うところで、「生きているのがつらい」「死にたい」という気持ちは生じてくる。そう考えてみると、冒頭の「若いのになんでそんなこと言うの？」という疑問は大きく的を外している。むしろ、これまで見てきたような同調性への適応や、序列やキャラを超えない振る舞いへの適応の問題などもあり、子ども社会を生き抜いていくのは、どんな子どもにとっても、ものすごく難しい。学校への行きづらさや心身症と思われる身体の不調を子どもたちが訴えるとき、私たちは、その世界をなんとか生き抜こうと頑張ってきたが傷ついてしまった子どもたちの気持ちに丁寧に向き合う必要がある。

つながりを求めるＳＮＳ

これまで見てきたような、「生きているのがつらい」「死にたい」という気持ちを現実のなかで語る子どももいれば、ＳＮＳでつぶやく子どももいる。ときには、ＳＮＳでつぶやいたことが親や学校に知られてしまい、周囲から「そんなこと書いてはいけない」「なんで相談しなかったの？」と責められたり、「身近な人に相談したほうがいい」と諭されたりすることもある。これらの背景には、「そのような書き込みのせいで悪い大人と出会ったり、犯罪に巻き込まれたりするのでは?」という大人の心配がある。

二〇二二年の調査では、実際にSNSを利用して犯罪の被害にあった一八歳未満の子どもは一七三二人と報告されており、被害者のうち、高校生が八三三人、中学生が七一八人、小学生が一一四人であるという。[8] また、被害者が加害者と知り合うきっかけとなったSNSはTwitterが六一七人、Instagramが四一七人と多く、知り合うきっかけとなった最初の投稿は被害者がしており、そのうち援助交際の募集や出会い目的、家出など犯罪に巻き込まれる可能性が高い投稿は四割を占めるとされている。[8] Twitterが多くなっている背景には、一〇代の子どもの多くが利用していることや、その匿名性の高さなどが関係しているだろう。このようなSNS上で「生きているのがつらい」「死にたい」などと書けば、共感のリプライが送られてくることもあれば、何らかの犯罪に巻き込まれる可能性もあり、多くの大人がそうしたつぶやきをしてほしくない気持ちは理解できる。けれども、SNSで「生きているのがつらい」「死にたい」とつぶやき、そのつぶやきが誰かに届くことを求めている子どもたちに、そのリスクを伝えることは意味があるのだろうか?

SNSで「家出したい」「生きているのがつらい」「死にたい」などとつぶやいた子どもたちの話を聴いてみると、ほとんどの子どもはそのつぶやきのリスクについては知っているのである。むしろ、そのようなリスクを知りながらも、「誰かに自分のことをわかってほしい」という気持ちや、「自分のことを気にかけてくれる人がいるかもしれない」というささやかな願いが背景にあることのほうが多い。「親や友だちに相談したほうがいい」と考える人もいるかもしれないが、「そんなこと親に言えない。今でも迷惑かけているのに」と親への迷惑を心配する子どもや、「学校の先生に言ったってしょうがないし」と大人に伝えることにあきらめを感じている子ども、「友だちに言ったらどう思われるかわからない」「学校ではそういうキャラじゃないし、ぜったい言わない」と、自分のキャラとの違いから現実での相談しにくさを語る子どもも多い。そう考えると、ＳＮＳでつぶやかれる「生きるのがつらい」という言葉は、さまざまな事情から、現実のなかで、誰にも「生きるのがつらい」と言えない子どもが、なんとか誰かに伝えようと発しているＳＯＳであるともいえる。そして、そのようなつぶやきに『いいね』が来て、誰かに伝わったかもしれないと思うと、少しだけほっとする」と診察室で語る子どももいる。こうした子どもにとって、そのつぶやきは、「生きるのがつらい」と思いながらも、なんとか現実を生き抜かなくてはならない自分を支えるための対処行動でもあるといえる。

〔事例〕ＳＮＳで「生きるのがつらい」とつぶやくカリンさん

ここで事例を一つ紹介する。なお事例の提示にあたっては、本人および保護者より書面にて同意を得ているが、匿名性への配慮から細部に変更が加えてある（以下の章で紹介する事例も同様である）。

カリンさん、初診時一五歳、女性。両親、弟との四人暮らし。主訴は「学校に行けない」(両親)。

受診までの経緯

保育園では活発な子どもであり、友だちも多く、鬼ごっこなどさまざまな遊びをして過ごしていた。小学校入学後はピアノやスイミング、絵画などの習いごとを楽しんでいた。成績はよくはなかったが、学校は好きであり、小学校時代は一度も休まなかった。友だち関係も良好で、一緒にお揃いのキャラクターグッズを買うなど仲のいい友だちもいた。

中学校入学後、仲のいい友だちは吹奏楽部に入部し、カリンさんも吹奏楽部に誘われていたが、「絵を描くことが好きだった」ため美術部に入部した。仲のいい友だちとの関係は続いていたが、中学三年の春ごろから「友だちの趣味が変わって他の子と仲良くしている」ことが気になり、「自分は好かれていないかも」と考えるようになった。そのころから朝になると「お腹が痛い」と両親に訴えるようになり、学校を休むことが増えた。両親は、学校から「なんとか来させてください」と言われ、泣いて暴れるカリンさんを無理やり起こし、車で学校に連れていき、相談室に行かせていた。相談室には担任の先生が待っており、「教室に行こう」と声をかけ、断れないカリンさんを教室に連れていくような日々が続いていたが、このような対応のなかで両親はしだいに不仲になり、カリンさんは「両親は自分のせいで仲が悪い」と感じていた。相談室には、唯一好きなバンドが同じだというミキさんという友だちがおり、ＳＮＳでも相互フォローの関係になった。

秋ごろになると、無理に学校に連れていくと、「死にたい」と訴え、泣いて刃物を持ち出すようなこともあったため、心配した母親に連れられて当院を受診した。

初診時の様子

診察は母親とカリンさん別々で行った。カリンさんはおとなびた様子。大きなキャラクターのついたゆったりめのパーカーを着ている。質問には静かな声ではあるが丁寧に答える。

学校に関しては、「行きたい気持ちもあるけど、行けない」「友だちはクラスにはいないから……」「日本のアイドルよりもV系のバンドのほうが断然格好いい」から「日本のアイドルが好きな子とはあんまり友だちになれない」と語る。また、「親は無理やり学校に行かせようとする」し、「学校に行くと、先生に無理やり教室に行かされる」とも語った。筆者が「なんとか相談室に通っても、なかなか安心できないね」と言うと、静かにうなずいて泣く。

筆者は母親に、「無理に学校に行かせることは、本人にとってあまり好ましいことではない」「クラスのなかには、本人にとってポジティブな要素が少なく、そこに無理に行かせて、『頑張ったね』と伝えても、本人が学校を好きになることにはつながらない」ことを伝えた。そのうえで、本人とも相談し、相談室に行こうとするだけでも十分であり、相談室のなかでの居場所づくりの活動を行っていくこととなった。

診察の最後に、「学校に行きづらいと、死にたいくらいつらくなってしまう子もたくさんいるんだけど、カリンさんはそんな気持ちになってしまうことはないかな？」と尋ねると、「……うん。時々ある」と静かに答えた。「そんなときはどうしてるの？」と尋ねると、「……親に言うと怒るから、なんか嫌な空気になるし、学校でもそんなこと言えない」と言う。「死にたいほどつらい気持ちはあなたのなかにある本当の気持ちで、大切に扱われてよいもの」であることを伝え、「そういうことを、こういう場所で、今日初めて会う人に話すのも勇気がいることなんだよ。ちゃんと教えてくれてありがとう」と話した。そして「そんな気持ちになったときに、どんなことをしたら少しだけでもつらくなくなるだろう」ということを一緒に考えた。カリンさんは、嫌な気分のときは、ＳＮＳで好きなバンドのアカウントをチェックしたり、誰かのつぶやきを見たりすると語っていた。

その後の経過

その後は週に三日くらい相談室に通う日々が続いた。カリンさんは相談室ではミキさんとよく話しており、ときどき一緒に買い物に出かけることもあった。

そんなある日の朝、カリンさんは「ミキちゃんに嫌われた。私と一緒に写っている（ＬＩＮＥの）アイコンも変えていた。相談室にも行けない」と泣いた。母親が学校に相談し、ミキさんにも確認をしたところ、そのような事実はなく、ミキさんは「アイコンは、一緒に写っていると知らない人にも見えてしまって迷惑かな、って思って変えた」とのことであった。また、その聞き取りのなかで、カリンさんがときどき「生きているのがつらい」とＳＮＳでつぶやいたり、ＳＮＳ上で年上っぽい人とやりとりしていることをミキさんが心配していることがわかった。カリンさんは家で父親に「そんなことしてはいけない」と叱られ、「もう嫌だ」「死にたい」と泣いて叫び、心配した両親に伴われて、翌日外来に相談にやってきた。

カリンさんは泣きながら、「ミキちゃんがＬＩＮＥのアイコンを変えたから、もう嫌われてしまったと勝手に思っちゃった」「こんな大きなことになるとは思わなかった」と語り、ミキさんに謝りたいと泣き続けた。ＳＮＳで「生きているのがつらい」とつぶやくことに関しては、「そういうのが危ないことは知っていた」けど、「学校ではそんなこと言えない」「誰かに自分の気持ちを伝えたいからつぶやいた」「寂しくて話し相手がほしいと思ったときにつぶやくこともある」と語った。

カリンさんの「生きているのがつらい」というつぶやきは、「寂しさ」や「居場所のなさ」がきっかけになっていたため、その日は、カリンさんにとって大切な人や自分を大切に思ってくれている人について、診察室で一緒に考えることとなった。そのなかでは、「今回のことで、ミキちゃんが自分のことを大事に思ってくれているのがよくわかった」こと、「『つらい』って書いたときには、変なアカウントにもフォローされたり、会ってないけど、しつこい連絡が来て怖かった」こと、「同じ趣味のアカウント（好きなバンドのファンだけをフォローしているアカウント）のなかには、お母さんも一緒に行ったライブで会ったこともある年上の女の人がいるんだけど、その人はつらいとき、とてもよくしてくれた」ことが語られた。

筆者は両親に、「『生きているのがつらい』というつぶやきは、ＳＯＳの一つであり、寂しい、居場所がないと思ったときに出てくる嫌な感情をどうにかしようとする対処行動の一つであること」を伝えると同時に、「親だからこそ、心配のあまり叱ってしまう気持ちはもちろん理解できるけれども、叱られて家庭での居心地が悪くなると、悪循環になってしまう。家庭でも学校でも、本人が安心できる居場所をつくることが大切であること」を伝えた。

次の日、カリンさんは、勇気を出してミキさんに手紙を渡した。彼女が快く受け入れてくれたこともあり、カリンさんは再び相談室に通えるようになった。この日を境に両親の家庭内でのけんかも少なくなり、家でもリビングでＳＮＳを眺めたり、休日には両親と買い物に出かけたりするようになった。

高校は少し遠くの通信制高校を選択し、趣味の合う友だちもでき、その子とライブに行ったり、ファン同士の集まりに友だちや母親と一緒に行ったりするようになった。また、そのような場所では好きなバンドつながりの年上の友だちとも仲良くしているという。まだときどきＳＮＳにつらいことを吐き出すこともあるが、それはバンドのファンつながりの仲のいい人しかいない鍵のかかったアカウントに限っている。

SNSにつぶやかれる気持ち

カリンさんのケースからは、思春期の友だち関係の変化のなかで、「友だちの趣味が変わって他の子と仲良くしている」ことが気になるようになり、そこから学校への行きづらさを感じていく様子がわかる。思春期の人間関係においては、このような小さなすれちがいが、居場所のなさを感じさせることがある。また、家庭内では「無理やり行かされる」という居心地の悪さを感じると同時に、「両親は自分のせいで仲が悪い」と思っており、負担感も抱いている様子であり、この「所属感の減弱」と「負担感の知覚」から「生きるのがつらい」「死にたい」という気持ちが生じていると考えられた。

カリンさんの「生きるのがつらい」というつぶやきは、現実にそのような気持ちを打ち明ける人や場所がない状況や、「寂しくて話し相手がほしい」という気持ちを背景に、つながりを求めてつぶやかれたものである。そんな彼女に必要なものは、「ＳＮＳに『死にたい』と書き込んではいけない」と伝えたり、フィルタリングの機能について伝えたりするといったリテラシー教育ではなく、安心してつながり、気持ちを語ることができる人がいる居場所である。経過のなかで、ミキさんを大切な友だちと感じられたことや、家庭内の居心地がしだいによくなったこと、通信制高校に進学し自分と趣味の合う友だちが増えたこと、好きなバンドつながりの年上の友だちと出会ったことなどは、カリンさんの居場所として機能し、彼女の感じていた居場所のなさを少しずつ、そっと埋めてくれたのだろう。

「ネッ友」と出会うなんて……と思う読者の方もおられるかもしれないが、現代の子どもたちは、大人が思っているよりもずっとカジュアルにＳＮＳで友だちをつくり、実際に出会う。それは大人も同じであり、二〇代を対象とした調査では「ＳＮＳでつながった知らない人と実際に会ったことがある」と答えた割合は三六・三％にも上る。[9] そういった出会いのあり方は、かつての音楽雑誌のバンド募集のコーナーからバンドメンバーを探したり、文通相手を探したりするような出会いの形が時代とともに変わってきただけなのかもしれない。

カリンさんが出会った年上の友だちも、彼女が「怖かった」と語る体験も、どちらもSNSでの出会いであり、一見すると両者は同じ種類の出会いのように思われる。けれども、好きなバンドという共通の趣味でつながり、ライブというリアルな場所で母親と一緒に出会っている、長い関係性をもつアカウントと、「生きているのがつらい」というつぶやきを見つけて近寄ってくるアカウントのどちらがリスクが高いかは言うまでもない。周囲から見れば同じネットのつながりであるかもしれないが、両者は彼女とつながる目的がまったく異なっている。そういった点では、ネット上のつながりは頭ごなしに否定するものではなく、ネット上のつながりについても話し合える子どもとの関係を築いておいたほうがよいように思われる。

「生きているのがつらい」と目の前の子どもが語るとき

居場所がなく「一人ぼっちだ」という気持ちと、「自分は人に迷惑をかけている」という気持ちが重なり合うとき、その子が何も言わなくても、「生きているのがつらい」という気持ちがその内側にあるかもしれないことを、私たちは忘れないようにしておかなければならない。

そして、目の前の子どもが「生きているのがつらい」と語るときには、最後まで否定せずに耳を傾け、その気持ちや苦しさを大切に扱う必要があるだろう。話の途中で「先生はこう思う」と自分の意見を押しつけたり、聴くことが苦しくなって、目の前の子どもに「何かを伝えなきゃ」と思うあまり「もしよかったら○○してみたら」と安易にアドバイスをしたりしてはいけないだろう。また、よく知らないのにわかったふりをすることや、「君には良いところがある」と無理やりほめることもしてはいけないだろう。そんな大人の軽さや苦しさは、意外と目の前の子どもたちに見られているものである。そして、そんな大人を見て、現実を見限った子どもたちがＳＮＳに思いをつぶやくこともあるかもしれない。

「生きるのがつらい」と語る子どもを目の前にした私たち大人は、自分が子どもに伝えようとする言葉が、自分自身の苦しさから生じているのではないか、そこから逃れるために言葉を発しようとしていないだろうかと、自分自身をつねに批判的にモニターしておく必要がある。子どもたちのあまりにもつらい気持ちが伝わってきて、何も返せる言葉がない場面はたしかにある。そのときには、「何も言えないくらいつらい」という素直な気持ちや態度のまま、沈黙を共有してもよいのではないだろうか。そのほうが、無理なアドバイスや無難なアドバイスよりもずっと子どもの気持ちに寄り添っているようにも思う。

現代の子どもたちにとって、思春期という時代を何事もなく生き抜いて大人になっていくことはとても難しい。私たち大人は、自分たちがくぐり抜けてきた生きづらさの日々を頭の片隅に置きながら、目の前の子どもたちに向き合っていく必要があるのだろう。

コラム1

SNSと自殺

インターネットにおいては、自殺誘発的な側面と自殺予防的な側面の両方があることが各方面から指摘されている。[1]

自殺誘発的な側面としては、自殺の方法などをくわしく描写することで、自殺行動を助長してしまうことや、同じ悩みを抱える者同士の仲間意識などから周囲に援助を求めることを思いとどまらせ、自殺の閾値を下げることが考えられる。とくにSNSなどでは双方向のやりとりが可能なことから、SNSが一種の自助グループとして機能することもあるだろうし、SNS上で同様の悩みをもつ仲間を募るなどの行動にもつながる。

ネット上ではその匿名性もあり、社会的な手がかりが乏しいため、自分自身の社会的な役割を意識することが少なく、そのコミュニティにおいては極端な意見が形成されやすい（集団極性化）ことが知られており、[2] SNSにも同様の傾向があると推測される。診察室で、「死にたい」と思ったとき、どんな対処行動をしているか子どもたちに尋ねると、「SNSで病んだ投稿みてる」『死にたい』って他の人のつぶやきみるとちょっと安心する」などと答えることもある。つまり、「死にたい」という気持ちが高まったときに、同じような気持ちを抱えた者の投稿につながろうとする子どもたちもいるのだ。

このようなSNSにおけるコミュニケーションが集団極性化につながり、「死にたい」と思う気持ちや自殺のリスクを高める可能性も考えられる。

また、子どもたちにとってSNSは重要な情報取得ツールの一つであるため、著名人の自殺の詳細などをSNSを通じて知ることも多いが、このことが自殺誘発的な側面につながることもある。さまざまなメディアによる自殺報道の直後に自殺が増加することはウェルテル効果として知られているが、このような模倣効果を支持する文献は多く、[3] SNSがそうした効果をもたらすことも考えられる。そうした研究背景を踏まえ、WHOは自殺報道ガイドラインを定めており、[4] それをもとに厚生労働省からメディアに向けた自殺報道に関する「お願い」も出されている（https://www.mhlw.go.jp/content/001199680.pdf）。

一方で、前述のようにインターネットには自殺予防的な側面も期待されている。日本においては、インターネットを活用した自殺予防の取り組みとして、二〇一六年に「いのちの電話」がインターネット相談を開始している。当初はそれほど積極的に行われるものではなかったが、二〇一七年に座間九人殺害事件が発生したことを契機に、自殺対策においても子どもや若者が日常的に利用しているSNSを活用することが求められるようになった。二〇二二年度には、自殺対策支援センターライフリンクの「生きづらびっと」、東京メンタルヘルス・スクエアの「こころのほっとチャット」、あなたのいばしょの「チャット相談」、BONDプロジェクトのLINE相談、チャイルドライン支援センターのオンラインチャット相談などが、相談内容に応じて、電話相談やさまざまな支援機関などへのつなぎの支援を始めている。

自殺に関連する目的でインターネットを利用する人は、そうでない人に比べて、対面での相談をすることが少ないことが示唆されているが[5]、SNSで「死にたい」とつぶやく子どもは現実の誰かに相談ができていない場合も多い。SNSを活用した相談には、そのような子どもたちを現実の相談につなぐ役割が期待されている。二〇二二年度のSNS相談の総数は約二七万件となっており、相談内容としては自殺念慮が約一四万件と最多である。また、相談者は一〇代が三六・五％で最も多い[6]。SNSを運営する企業も、たとえばXでは、自殺に関するキーワードで検索した場合に相談窓口情報が提示される仕様にするなど、リスクの高いキーワードで検索すると相談窓口につながる仕組みが整備されてきている。このようにSNSにおいては、SNSでなければリーチできない自殺リスクの高い人にリーチできるという強みがあるものと考えられる。診察室で「死にたい」と投稿した子どもに聞いてみると、『死にたい』って書いたら、何人かが『死なないで』って返信してくれた。全然知らない人だけど、それでちょっと救われた」と語ることもある。もちろん、「死にたい」という気持ちが受け止められることで、既存の相談機関につながることを妨げる可能性もあるが、SNSでは「死にたい」という気持ちが可視化されることで、他の人がそこに介入し、潜在的にそれを防ぐこともある。

一方で、SNSにおける相談にはデメリットも指摘されている。そのうちの一つに、即応性が損なわれやすいことがある。テキストという限られた情報から、相手のこころを推しはかり、適切な言葉を紡ぐのに時間がかかってしまうこともあるだろう。とくに

ＳＮＳを用いた相談は子どもや若者によるものが多く、その世代にしかわからない言葉が使われ、伝えたいことを相談員がうまく受け取れないこともある。

だからこそ、多くの大人は対面で直接相談してほしいと思うのかもしれないが、ＳＮＳで子どもたちが「死にたい」とつぶやくのは、やはりそこでしか自分の本当の気持ちを表しづらいからであり、「『死にたい』ってつぶやいたりしてるの、親にはバレたくない。どうせ『なんでそんなことするの』って聞かれるだけだし」と語る子どももいる。子どもたちが現実で相談しにくいのは、決して彼らのせいではなく、私たちが相談しにくい大人だからであろう。「死にたい」と語る子どもの多くは過去に一度は親、先生、支援者などの大人に相談した経験がある。そして、その一回の相談で「なんでそんなことするの？」「周りが悲しむよ」などと言われ、静かに傷つき、二度と相談の場に行けなくなった経験をしていることも多い。だからこそ大人は、自分たちの子どもへの態度が、子どもにとって「相談して少しはよかった」と思えるものになっているか、つねに批判的に吟味し続ける必要がある。その一回の相談が、子どもと私たちをつなぐ最後のチャンスになるかもしれないのだ。

第2章 YouTuberやeスポーツプレイヤーになりたいと語る子どもたち

嫌な気持ちだ。誰とも話したくない。YouTubeを垂れ流していると、あまりにも下手くそなプレイでゲーム実況をしているやつがいる。思わず吹き出して、「なんでそこ突っ込む」「下手くそかよ」と声が漏れる。

子どもたちは大人になったら何になりたいんだろう？

二〇二三年のベネッセの調査によると、小学生がなりたい職業の一位はYouTuberであり、YouTuberは男女を問わず子どもに人気の職業である。[1] 中学生においても、男子のなりたい職業一位はYouTuberなどの動画投稿者、二位はＩＴエンジニア・プログラマー、三位はプロスポーツ選手であり、ゲーム実況者、ゲームクリエイターなどがそれに続いている。中学生女子では一位の絵を描く職業（イラストレーターなど）、二位のボカロPに続き、三位にYouTuberなどの動画投稿者と歌手・俳優・声優などの芸能人がランクインしており、ゲーム実況者がそれに続いている。[2]

一方で、一九八九年における小学生の将来つきたい職業は、男子ではプロ野球選手、サラリーマン、スポーツ選手と続き、女子では保育士・幼稚園教諭、学校の先生、看護師となっている。[3] また、一九八〇年代から九〇年代にかけて中学生だった成人に、中学生のころなりたかった職業を尋ねると、男性では研究者・大学教員、学校の先生、医師と続き、女性では学校の先生、保育士・幼稚園の先生、看護師となっている。[4] 同じ調査ではないため単純な比較はできないが、これらの調査からは、小学生や中学生が憧れる職業はここ三〇年あまりのあいだに大きく変化してきており、現代の小中学生にとって、①テレビというメディアよりもYouTubeなどのメディアのほうがずっと身近であること、②創造性を感じさせること（絵を描く仕事、ボカロP、YouTuberやゲーム実況もコンテンツをクリエイトするという意味でクリエイターである）や、「その人でなければできない」クリエイティブな活動が好まれるようになっていることが示唆される。

YouTubeというメディア

令和四（二〇二二）年度の「情報通信メディアの利用時間と情報行動に関する調査」によると、一〇代の九六・四％がYouTubeを、二七・九％がニコニコ動画を利用している。また、より短い動画を楽しむTikTokも六六・四％が利用しているとされ[5]、本当に多くの子どもたちがYouTubeなどの動画を楽しんでいることがわかる。

YouTubeで視聴されるコンテンツとして、ゲーム実況は人気のあるジャンルの一つであるが、小中学生には、ゲーム実況だけでなく、「〇〇やってみた」など、エンターテインメント性の高い動画企画を行っているYouTuberも人気である[2][6][7]。一〇代においては、テレビを視聴する時間よりも、インターネットを利用する時間や動画を視聴する時間のほうが長く[5]、子どもたちにとっては、テレビで見るスポーツ選手や芸能人よりも、ゲーム実況やその他のチャンネルで出会うYouTuberのほうがずっと身近なものといえるだろう。

なぜ子どもたちは「YouTuberになりたい」のか？

では、なぜYouTubeなどの動画はこれほど多くの子どもたちを惹きつけるのだろうか？

そこには①ライフスタイルに合った短さ、②更新頻度による親近感の演出、③双方向性、④模倣のしやすさという四つの背景が考えられる。

ライフスタイルに合った短さ

YouTubeのコンテンツには、スマホで手軽にアクセスすることができる。また、動画の時間はテレビに比べて短く、それらを倍速などで視聴している子どももいる。そういった背景から、YouTubeとテレビ番組では視聴者が体験する時間感覚が大きく異なることが指摘されている。YouTubeに慣れた子どもにテレビ番組について聞いてみると、「じれったい」「遅くてイライラする」「（話の続きは）一週間待っているうちに忘れちゃう」と語ることもある。現代の子どもたちは、かつての子どもたちよりもずっと速い時間感覚のなかを生きているようだ。

更新頻度による親近感の演出

YouTuberへの親近感については、その更新頻度も影響を与えているだろう。実際に、人気のあるYouTuberはかなりの頻度（毎日など）で動画をアップしている。私たちは何気ない日常のなかで頻繁に目にするものに親近感を抱くことが多い。たとえば、毎朝コンビニで顔を合わせるアルバイトの店員について考えてみよう。もちろん名札以上の情報は知らないし、必要以上に話すこともない。しかし毎日顔を合わせるうちに、なんとなくよく知っている人のような気がしてくる。たまにいないと、「体調でも悪いのかな」と気になることもある。「ありがとう」「寒いですね」などの定型的なやりとりをすればなおさら親近感がわく。YouTuberにおいても、更新頻度が高く、よく見かけるYouTuberほど親近感を抱くようになることは想像に難くない。さらに、ＳＮＳやコメントなどで定型的なやりとりをすれば親近感はより高まると思われる。

双方向性

テレビとYouTubeでは、情報の伝わり方にも大きな違いがある。YouTubeでは、コメント欄に視聴者の声が即座に反映されたり、ＳＮＳなどで共有されたりすることによって、視聴者自身の声が広がりやすい。YouTuber自身がコメントなどを見ながら次の動画を編集することも多く、視聴者のコメントがコンテンツに反映されることもある。このように双方向に関与できる点は、YouTubeというメディアの大きな強みである。

模倣のしやすさ

YouTubeの動画の内容について見てみると、ゲームをプレイしながら雑談をするようなゲーム実況や、雑談を交えた日常的な料理の風景、「〇〇やってみた」など視聴者に「自分にもできそう」「面白そう」「やってみよう」と親近感を抱かせるコンテンツが多く、実際に同じような動画をスマホで作成して投稿する者も多い。このようにYouTubeはクリエイターと視聴者の境界が曖昧な構造になっており、視聴者が同じような動画を撮影・編集して投稿することを通じて、そのコンテンツがさらに広がりやすいという特徴がある。そして、広がれば広がるほど、「オリジナルの動画を誰が作ったか」ということへの関心は薄くなり、内容の面白さなどで評価され、結果としてオリジナル以上に視聴されることもある。たとえば、誰かが作成した人気ゲームソフト『スプラトゥーン』のキル集（格好よく相手をやっつけた動画を爽快な音楽に乗せて編集したもの）を見て、自分も作ってみようと、音楽をつけてスマホで編集する。そして、それを見た誰かが「僕のプレイのほうが格好いい」と別のキル集を作って投稿する。ここでは「オリジナルの動画を誰が作ったか」ということには誰も関心を払わず、そのプレイの格好よさなど内容に関心が払われる。

　ボードリヤールはかつて、ポストモダンの社会は、作品やコンテンツのオリジナルとコピーが区別されない、シミュラークル化した社会になると予測した[8]が、YouTubeにおける動画の生成のされ方は、極めてシミュラークル的なものの一つである。

　ゲーム実況は、「素人が雑談をしながらゲームしているだけなのに、何が面白いんだ」と思う大人もいるかもしれない。けれども、素人（っぽく見えるが実はかなり演出の工夫をしている人）が他愛もない雑談をしている（ように視聴者には見えている）からこそ、視聴者は親近感を覚える（そういう演出がなされている）のである。「あーしまった」「うわ、ハマった」などのひとりごとを実況者であるYouTuberがつぶやくと、「あ、そこハマるよ」「なんでそこ行くの？」と視聴者は突っ込んでしまいたくなることもある。まるで、友だちのゲームプレイを目の前で見ながら、他愛もないことを話しているときのような感覚を抱かせてくれるのである。ゲーム実況とeスポーツプレイヤーの大きな違いもここにあり、ゲーム実況をするYouTuberは必ずしもゲームがうまくなくてもよいのである。

このようにYouTubeは、隙間時間にアクセスしやすく、視聴者が親近感を抱きやすい構造になっており、コメントや模倣という活動を通じて関与できる演出や仕掛けがほどこされている。だからこそ、多くの子どもたちに「ゲーム実況をしたい」「YouTuberになりたい」と思わせるほど、惹きつける力があるのだろう。

eスポーツという文化——なぜeスポーツプレイヤーは憧れの的なのか？

eスポーツとはelectronic sportsの略称で、コンピューターゲームを使って競技をするものであり、海外では、大会のライブ配信や会場での観戦も人気である。市場規模は拡大の一途にあり、二〇二三年には一六億ドルに届きそうな勢いである。[9]

最近はスマホでプレイできる『シャドウバース』『モンスターストライク』『PUBG Mobile』などにおいても、プロのeスポーツプレイヤーによるリーグ戦や大きな賞金がかかった大会が開かれており、二〇二一年の「Shadowverse World Grand Prix 2021」では日本のkakip選手が優勝賞金一億五〇〇〇万円を獲得した。このようなプロの世界は何も新しいゲームタイトルに限ったことではなく、多くの世代が知っているであろう『ぷよぷよ』なども実はプロ化されており、大会が開催されている。大会の模様はYouTubeなどでも見られるので、これらのゲームに馴染みがある子どもにとって、プロのeスポーツプレイヤーが憧れの対象になるのはとても自然なことだ。そしてそれは一定以上の世代の大人たちにとって、いつもテレビで見ていたプロ野球選手が憧れの的であったこととそれほど大きな違いはない。

「自分らしさ」を仕事にしたい

エリク・H・エリクソンは、個人が自由な役割実験を通じて、社会のなかで自分の適所を発見する期間こそが「心理社会的モラトリアム」であり、若者はモラトリアムを経て、社会のなかで適所を見つけ、自分自身を定義づけることにより「アイデンティティ」を獲得すると述べている。[10] このアイデンティティの獲得には、①自分が他の誰でもない自分であるという自己同一性、②過去も現在も未来も自分であり続けるという連続性、③自分が帰属する社会からの承認が必要とされている。

現代の子どもたちは、「生徒としての自分」「クラブ活動のメンバーとしての自分」「友だち集団のなかの自分」「ＳＮＳのなかの自分」など、さまざまな集団において多元化した役割を担っており、それぞれのコミュニティのなかで憧れる他者の言動を真似るような「同一化」を通じて、「自分とは何か？」という問いに答えられる自分（アイデンティティ）を探し求めている。そして、現代ほど「自分らしさ」が大切にされている時代はない。中学生のなりたい職業に、創造性を感じさせることや、「その人でなければできない」ことが並ぶのはそのためだろう。けれども、「自分らしさ」は人それぞれであるため、自分自身で「自分らしさ」を探していくことは意外と難しい。

一九八〇〜九〇年代、中学生に人気の職業は、学校の先生など、帰属する社会の近くにあったものであり、参照すべき大人は身近にいただろう。それに比べると、現代は職場と家庭の距離が離れたこともあり、子どもたちは大人がリアルに働いている姿をあまり知らず、実生活のなかに参照すべき大人が少なくなっている。そして、そのような状況で、「自分らしさ」のかけらに同一化を繰り返しながら、「自分とは何か？」という問いに答えられる自分（アイデンティティ）を探し求める必要がある。したがって、現代におけるアイデンティティはかつてほど単線的なものではなく、多くの子どもは「ＳＮＳのなかの自分」「両親の前の自分」「創作活動をする自分」「自分らしい自分」など、それぞれの状況における自分を使い分け、一見アイデンティティが拡散したように見えながらも統合された自分、すなわち多元化したアイデンティティを生きている。[11] 村瀬によれば、現代は、皆が一同に乗る社会の大きなプレートは消失し、結果として人は自分を含む小さなコミュニティのプレートをつくり出して生きなければならなくなった時代である。[12] 現代の子どもたちは、そんな小プレートの数だけ「自分らしさ」のかけらをもっているといえるだろう。

子どもたちの試行錯誤を見守る

そう考えてみると、「YouTuberになりたい」と語る子どもが、実際に動画を撮影・編集してみたり、ゲームに没頭したりすることは、子どものコミュニティにおけるとても自然な「同一化」を通じた役割実験である。そして、このような役割実験は、過去の自分を踏まえ、今、YouTuberになろうと動画編集などをする作業を通じて、未来のYouTuberとしての自分を思い描いており、過去の自分、今の自分、未来の自分を見通しているものである。

小学生であれば、親と一緒に動画を編集してみるのもよいだろう。子どもたちは「自分のゲーム実況をYouTubeにアップしたい」「キル集を作りたい」などと話すかもしれない。その作業の試行錯誤を通じて、子どもたちは未来のYouTuberを夢見ながら役割実験をする。ちょっと危なっかしいこともあるかもしれないが、自分の大好きなことにいちいちコメントをされて喜ぶ子どもは多くないため、親はあまり口を出さずに見守る必要があるだろう。時と場合に応じて、「コメント欄を開放していると、アンチコメも出てくるかもしれないよ」「顔出しすると、顔について何か言われるかもしれないから、やめておいたほうがよいかもね」など、リテラシーを伝えていく必要もあるが、このような教育も動画を一緒に作りながらでないと難しい。

また、せっかく格好いい動画を作ったのに、あまり注目されないことに子どもが傷つき、

「YouTuber は趣味にして、小説をネットで発表する小説家になる」などと語ることもあるかもしれないが、このような方針転換も健全なことだろう。これは YouTuber に限らず、どんな習いごとでもそうだ。野球やサッカーなどであれば、「せっかく始めたのだから」と大人はつい思いがちであるが、現代の子どもたちは試行錯誤を重ねながら「自分らしさ」のかけらを探さねばならないのだ。私たち大人は、子どものさまざまなチャレンジに肯定的であたたかい目を向けるとともに、「サッカーは続けたほうがよい」「YouTuber はやめたほうがよい」などと、大人の基準で子どもの好きなことの価値を決めつけてはならないだろう。

診察室では、学校に行きづらい子どもが「YouTuber になりたい」「ｅスポーツプレイヤーになりたい」と語る場面も多い。こうした子どもたちは学校で傷つき、周囲の大人が思い描く「生徒である自分」という役割をひとまず棚に上げて、何者かになろうと未来を見据えながら「YouTuber である自分」を探そうと試みていることがある。そのような子どもたちの試みを、「そんなので食べていけるのは一握りだよ」などと否定してはならないだろう。安全な「心理社会的モラトリアム」のなかで、過去と今と未来の自分を思い描きながら役割実験を繰り返すことでしか、「自分らしさ」のかけらは見つけられないのだ。

〔事例〕「eスポーツでプロになる」と語るカナタ君

診察室では、学校や家庭における居場所を失い、「YouTuberやeスポーツプレイヤーになりたい」と言わないと自分を守れない子どもたちに出会うことがしばしばある。そうした事例の一つをここで紹介する。

カナタ君、初診時一六歳、男性。両親との三人暮らし。主訴は「学校に行かないで、ゲームばかりしている」（両親）。

受診までの経緯

乳児期の運動発達に遅れはなく、乳幼児健診で問題を指摘されることもなかった。小さなころから明るく元気で、公園でも活発に遊ぶ子どもだった。年少時から保育園に通い始めたが、すぐに集団生活に馴染み、帰り際には、追いかけっこなどをして友だちと遊んでいることも多かった。家庭ではよく両親を相手に戦隊モノのごっこ遊びに興じていた。小学校の面談などでは先生から「授業中は積極的に手を挙げている」「明るい子ども」と言われていた。成績についても特段の指摘はなかった。

小学三年より、父親がコーチをしている野球クラブに通うようになった。当初、カナタ君は「野球が大好き」で、「将来は野球選手になる」と語っていた。土日もクラブ活動をして過ごし、毎朝早起きして父親と野球の練習をする日々が続いたが不満はなかった。チームではレギュラーとして活躍し、中学でも野球を続け活躍したこともあり、高校は野球の強豪校に進学した。

高校進学後もしばらくは野球に没頭する日々が続いたが、「同じポジションの先輩がものすごくうまいから、絶対レギュラーにはなれない」と考え、練習も「やる気がしない」と言い、部活に足が向かなくなっていった。父親が朝早くから「頑張らないとやっていけない」と叱り、朝練を促すと、なんとか起きてきて素振りやランニングをすることもあったが、しだいにどれだけ父親が叱っても起きようとしなくなった。学校にはなんとか通っていたが、六月に父親から依頼されて話をしにきた野球部の顧問から「やる気がないなら来るな」と言われ、ほどなくして学校にも行かなくなった。

母親が「学校くらい行きなさい」と朝起こそうとすると、「ほっといて」と怒り、暴れ、自室にこもる生活を送るようになった。両親とはほとんど話をせず、深夜にかけてパソコンでオンラインゲームをする日々が続いた。

ある日、母親が将来を心配し、そのことを伝えたが、返事もせずにゲームで遊び続けていたため、帰宅した父親が「野球もしない、学校にも行かない」「ゲームしかしないなら、家のネットを切断する。パソコンも取り上げる」と言い、パソコンを取り上げようとしたところ、家のなかで大暴れしたため、一〇月に両親に連れられて当院を初診となった。

初診時の様子

「はじめまして。先生、関って言います」と声をかけるが、口を結んだまま、じっと動かない。「今日は無理やり連れてこられたのかな？」と尋ねると、少しだけうなずく。父親は怒りに満ちた口調で「おまえがゲームばっかりして、学校に行かないから、こんなところに来たんだろう」「学校にも行かないで将来どうするんだ」と本人にまくし立てる。本人は小さな声で「うるさいな。eスポーツでプロになるからいいし」と応じるが、父親は「そんなもので食えるわけないだろ」とさらに声を荒げる。母親はそんな様子を心配そうに見つめながら座っていた。

筆者は両親に、無理やり連れてこられた本人の心情にも配慮してほしいと伝えたうえで、「まずはご本人の話をお聞きしたいので、少し外で待っていていただけますか」と話し、両親には退席していただいた。

カナタ君から話すことはほとんどないものの、これまでの記録などを振り返りながら、「学校も家もしんどかったね」と静かにつぶやくと、うつむいて静かに涙を流す。「さっきeスポーツでプロになるって言っていたけど、あれは本当なのかな？」と尋ねると、「……どうせ無理だし」とぽつりとつぶやく。

その後、本人と入れ替わりに両親が診察室に入った。父親は「毎晩ゲームばっかりしている」「野球もしないなら、学校に行かせた意味がない」と語り、「パソコンを取り上げないともとに戻らないのでは？」と怒りながら話した。筆者は、「感情的になって本人が大好きなものを取り上げることは大きな反発や攻撃性しか生まない」ことを伝えた。そしてこれまでの経緯をうかがいながら、「彼はこれまで一所懸命、両親の思いも受けて、野球を頑張ってきたんですね」と振り返ると、母親は涙を流した。続けて筆者から両親に、「高校に入り、野球がこれまでのやり方でうまくいかなくなって、気持ちが苦しくなることは当たり前の心理反応であること」、一方で、「親御さんにとっては自分のお子さんのことなので感情的になるのは無理もないこと」「けれども、壁にぶつかってしまったとき、親御さんが感情的になればなるほど、子どもは追い詰められてしまうこと」「まずは、親御さんとカナタ君が今よりも少しだけ日常の話ができるようになることが（学校に行くことよりも）大切であること」を伝えた。そして、もう一度診察室に入ったカナタ君に「カナタ君が学校や家でも追い詰められるほど苦しい思いをしていると筆者は思っていること」「追い詰められれば追い詰められるほど、自暴自棄になってしまう子もいるから、それが心配であること」を話し、両親の前で「追い詰められて苦しい今は、家でゆっくり過ごしてほしい」と伝えた。

その後の経過

その後の診察には、両親と本人、または母親と本人で来院した。診察を重ねるにつれて、筆者と話しても大丈夫だろうと思ったのか、カナタ君は少しずつ会話をするようになっていった。

ある日の診察では、「親はまだ野球をやってほしいと思ってるかもしれないけど、もう無理」「好きじゃなくなったし、やる気が出ない」とうつむきながら語るため、「親御さんが思い描いているカナタ君への期待がわかるんだね。それは余計につらいね」と伝えると、少し涙を流した。

カナタ君の同意を得たうえで、両親には、「親御さんの期待や気持ちは伝わっていること」「わかっているけどできない自分と、親御さんが期待する自分とのずれは、本人にとってものすごくつらいこと」「このずれを少しずつ埋めるように、いろんな試行錯誤を通じて、子どもは大人になっていくこと」「安全な環境でしか試行錯誤はできないので、本人にとって家が安心できる場所であることが大切なこと」を伝えた。

このようなやりとりを何度か繰り返すなか、両親は学校や野球のことを何も言わなくなり、家庭の様子は少しずつ穏和なものになっていった。学校には行かないものの、カナタ君は母親とは会話をするようになり、「ゲームのキーボードを買いたい」と一緒に外出などもするようになった。

母親はそのことについて「久しぶりにカナタと出かけられてよかったです」と診察室で語り、父親も、母親と子どもの関係がよくなるのを見ながら思うところがあったのか、「自分が野球をしてきたこともあって」「いろいろ期待をしすぎて、自分の考えを押しつけていたように思う」と本人の前で語った。

筆者からは、「自分の子どもに期待しない親御さんはいませんよ。だから、それは当たり前の気持ちです。でも、そうやって本人のことを考えて、押しつけないようにしていくことは、カナタ君自身が、少しずつ自分のことを自分で考える大人になっていくことにつながるかもしれません」と伝えた。

その後、カナタ君は両親や筆者と相談のうえで、eスポーツ部のある通信制高校に編入した。ある日の診察で、「そういえばカナタ君はeスポーツでプロになるって言ってたよね？」と聞くと、「あーあれは……。ああでも言わないと、学校行け、野球しろって言われてばかりだったから言っただけ」と答えた。続けて、「eスポーツ部にいるからって、プロにはなれないよ。自分は全然強くないし、本気でやってるやつはもっと強い」「友だちと大会に出るから、全然やったことないゲームを今はやってる。弱いけど、普通に楽しい。弱すぎて笑えるし」と笑顔で語った。

カナタ君は今も楽しく友だちとゲームをする日々を送っている。

子どもがYouTuberやeスポーツプレイヤーになりたいと語るとき

この事例からは、カナタ君が小学生のころはとても野球好きな少年であったことがよくわかる。野球選手になることを夢見て、熱心に練習に励んでおり、父親もそのような姿を見て、より熱心になっていったのだろう。このような関係性は、結果が出ていた小学生や中学生のころはうまくいっていた。しかし高校生になり、強豪校に入ったカナタ君はそこで大きな壁にぶつかり、これまで同一化していた父親のやり方ではうまくいかず、葛藤するようになる。そして、父親から朝練を促され、監督から厳しい言葉を投げかけられて、かつては大好きだった野球自体がだんだん好きでなくなってしまい、学校からも足が遠のいてしまう。野球や登校を促されたカナタ君が「野球をしなくちゃ」「学校に行かなくちゃ」と思えば思うほど追い詰められ、苦しくなってしまったことは想像に難くない。カナタ君が語った「ｅスポーツでプロになるからいい」という言葉は、追い詰められた自分をなんとか守るために絞り出した言葉であると同時に、苦しい「今」を逃れようとする言葉であり、決して過去や未来の自分とつながりをもつものではないだろう。

　カナタ君のようなケースにおいて、私たち支援者が最初にしなければならないのは、「ｅスポーツでプロになるからいい」と語らなければ家庭のなかで自分を守れないほどにこじれてしまった子どもと家族との接点を回復することである。その際には、カナタ君にとっての野球のように、本人のこれまでの頑張りに対する敬意を忘れてはならないだろう。そして、その過程での傷つきや、親の期待もわかるがゆえの葛藤にも共感的であるべきであろう。

　家庭での居場所の回復について両親に伝えていく際には、これまで一所懸命に子育てをしてきた経緯などを振り返りながら、親だからこそ感情的になってしまう場合があることに共感し、そのようなかかわりを通じて、「不登校のカナタ君」ではなく、カナタ君自身との当たり前の日常を思い出していただく必要がある。そのような配慮なしに、「家庭に居場所が必要です」「追い詰めてはいけません」と伝えても、親子が相談の場に来なくなり、支援者の記憶から消えてしまうだけであり、本人の苦しさが減じることはないだろう。また、説得に応じて、形ばかり「本人の好きにさせておく」ことを両親が許容したとしても、それは子どもにとって安心できる家庭とはほど遠く、本人の苦しさは何も変わらない。どんなに正しい指摘であっても、親子の気持ちや関係性を分断してしまっては意味がないのである。

　カナタ君の両親は、当初は自分たちが望む子どもの姿を押しつけようとしていたが、しだいにカナタ君という存在そのものの価値を思い出していったようである。母親の「久しぶりにカナタと出かけられてよかったです」という言葉には、何気ない日常を子どもと過ごせることの喜びが見てとれる。父親が、「いろいろ期待をしすぎて自分の考えを押しつけていた」と本人の前で語ったことも大きかっただろう。もちろん両親に葛藤がないわけではないだろうが、両親がカナタ君自身のことを少しずつ肯定的に見るようになり、家庭に居場所ができるにつれて、カナタ君はこれまでのように父親に同一化するのではなく、ｅスポーツ部の部員として、「全然やったことないゲーム」を「弱いけど、普通に楽しい」「弱すぎて笑える」と思いながら、友だちと楽しむことができるようになっている。いつか、彼はｅスポーツのプロではなく、いわゆる「エンジョイ勢」として、自分らしさのかけらを見つけるかもしれない。それもまた極めて現代的な、多元化したアイデンティティの獲得といえるのではないだろうか。

第3章 小説やイラストなどの創作活動でつながる子どもたち

今日も一話書き上げた。さっそくアップする。まだ第一〇話だから、そんなに読んでくれる人はいない。それでも、誰かが読んでくれていることはわかるから、僕は物語を書き続ける。

創作活動と作品を投稿するSNS

小説を書く、イラストや絵を描く、漫画を描く、小物を作るなどの創作活動は、インターネットが普及する前の時代には、極めて個人的なものであり、それを通じて周囲と交流する機会は限られていた。しかし昨今では、創作活動の世界と、作品をめぐる作者とユーザーの交流は大きく様変わりしている。

小説を例に挙げれば、昭和の子どもが小説を書き上げたとしても、読んでもらう対象は家族や友だちなど身近な人しかいなかっただろう。多くの人の感想や評価を得ようと思うなら、出版社などの賞に応募し、受賞することで作家になるくらいしかその道はなかったかもしれない。しかし、現代では「小説家になろう」や「pixiv」などといった小説を投稿できるサイトがある。投稿された作品はユーザーに公開され、作者と読者はコメントを通して気軽に交流することができる。

そうしたサイトでは、出版社の賞のように全体を書き上げて投稿する必要はなく、作品を一話ずつ投稿する作者が多い。作品に寄せられる評価や感想は書き手のモチベーションになり、必要があれば読者からの指摘や作者の気づきに応じて、少しずつ修正されながら物語は完結へと向かっていく。このように「小説家になろう」などのウェブ小説の世界には作者と読者が協働で物語を作り上げていく側面が少なからずある。だからこそ、そうした協働がうまくいかない場合には作品を完結させることが難しく、未完のまま終わる作品も少なくない。

また、診察室で尋ねてみると、こうしたウェブ小説の読者のうちかなりの割合の子どもが「自分も小説を書いている」「書いたことがある」と答えてくれる。ウェブ小説の世界においては、書き手と読み手の境界線が、かつての作家と読者の境界線よりも曖昧だといえるだろう。

多くの読者の目にとまり、評価を得た作品は商業化され、漫画化、アニメ化などメディアミックス展開されることもあり、『転生したらスライムだった件』『陰の実力者になりたくて！』『乙女ゲー世界はモブに厳しい世界です』など近年アニメ化されている作品の何割かはこのような小説投稿サイトから生まれている。

イラストや絵に関しても、「pixiv」をはじめとして数多くのイラスト投稿系のSNS（「pixiv」は前述のようにイラストだけでなく小説も投稿できる）が存在し、ユーザー間でのコミュニケーションを楽しむことができる。「pixiv」には数多くの作品が並び、描き手同士の交流はイラスト作成の技術を高め合うことにつながるとともに、SNSを通じて途中経過をアップしたり配信したりしてユーザーと交流しながら描くことは、描き手が作品を完成させるモチベーションにもなる。このようにイラストを描くことにもユーザーとの協働作業としての側面が少なからずあり、小説投稿サイトと同様、多くのフォロワーや評価を得た者には企業から声がかかり、カードゲームやボカロ曲、VTuberの楽曲へのイラスト提供など、商業的な成功を収める事例もある。

「小説家になろう」や「pixiv」の利用者は一〇代から二〇代が中心であるとされている。[1][2] 憧れの作品の書き手や描き手をフォローするとともに、自分もそのようになりたいと作品を投稿し始める子どもも多いだろう。

自分の生み出した小説やイラストなどを頒布する機会についても、かつてはコミケをはじめとする何らかのイベントに出かけていくしかなく、地方に住んでいる者にとっては交通費や宿泊費などの問題があり、非常にハードルが高かったものと思われるが、最近では「pictSQUARE」などのオンライン即売会サービスもあり、対面でなくとも作品を頒布したり、ユーザーと交流したりする機会を得ることができる。

アクセサリーやハンドメイドの小物などの創作物も、作品をＳＮＳに投稿することで、「いいね」や感想をもらったり、クリエイター同士の交流が生まれたりするほかにも、オンライン即売会や「minne」などのサイトを通じて作り手同士で交流したり、ユーザーに販売したりすることもできる。

このような作品を投稿するプラットフォームやＳＮＳの発展は、かつては明瞭だった作り手とユーザーの境界線を曖昧にすることによって、多くのユーザーを創作活動に参入しやすくし、作品を生み出すきっかけを生むとともに、作り手がユーザーとの交流を通じて作品を完成させていくという協働作業を促してきたといえるだろう。

学校に行きづらいこととアイデンティティの危機

「令和四年度　児童生徒の問題行動・不登校等生徒指導上の諸課題に関する調査結果」によれば、不登校の状態にある児童生徒の数は二九万人を超えており、そのうち一九万人以上は中学生である。[3]

中学生をはじめとする思春期の子どもたちは、多くの心理的課題を抱えることが知られている。思春期には、親などの身近な大人の影響を色濃く受けてきたそれまでの自分というものを再構築することとなる。身近だった親などから少しずつ離れようとし、その不安から、同世代の友だち関係のなかでの承認が重要視されるようになる。そうしたなかで親との関係性も見直され、それまでのアイデンティティの枠組みに疑問をもつとともに、自身のアイデンティティの枠組みを再構築していくのだ。

第2章でも述べたように、エリクソンは、各個人が自由な役割実験を通じて、社会のなかで自分の適所を発見する期間を「心理社会的モラトリアム」とし、若者はモラトリアムを完了し、社会のなかで適所を見つけ、自分を定義することによりアイデンティティを獲得すると説明しており、このアイデンティティの達成には、自分が他の誰でもない自分自身であるという自己同一性、過去も現在も未来も自分自身であり続けるという連続性、自分が帰属する社会からの承認が必要とされている[4]。

しかし、現代はエリクソンの想定した単線的なアイデンティティの獲得が難しい時代である。かつての農村や工業社会のコミュニティにおいては、身近に働く大人のモデルがあった。農家の子どもであれば親が働く姿を見つつ、自身も家業の手伝いをする必要があっただろうし、工業化が進むなかにおいても、近所の工場に働きに出る親の姿を子どもは間近に見ていただろう。しかし、第三次産業の比率が高まった現代においては、親の職場は家の近所とは限らない。遠く離れた場所で働く親の姿は、子どもの世界からは非常に見えづらく、親やコミュニティの大人を、働く大人のモデルとすることが難しくなっている。そうした状況で生きている現代の子どもたちは、たくさんの職業のなかから自分で自分の適所を見つけることが暗に要請されており、小学校や中学校では「将来やりたいこと」が当たり前に存在するものとして尋ねられ、それに合わせた高等教育の進路選択が求められる。このような風潮のなかで、「私には人より得意なことなんてない」「やりたいことなんて見つからない」と語る子どもは、大人が想像するよりもずっと多い。幼いころは、憧れのヒーローにだって、格好いい警察官にだって「何にでもなれる」と思っていた子どもが、「何者にもなれないかもしれない」という未来への不安を診察室で語ることはしばしばある。

不登校という状態像は、子どもにとって大きな居場所の一つである学校という居場所の喪失を意味する。そして、家庭でも後ろめたさなどから居心地の悪さを感じ、家庭という居場所すら失いかける子どもも多い。そして、未来に目を向ければ、これまで漠然と「学校を卒業し、社会に出る」と想像していた将来像が急速に思い描きにくくなり、「この先どうなるんだろう」「何者にもなれないかもしれない」という不安が大きくのしかかってくる。つまり、学校に行きづらい子どもたちは、学校に行っていれば先送りできたアイデンティティの危機に直面することも多いのだ。

「キャラ」を失う不安

また、学校に行きづらくなることは「キャラ」の喪失をも意味する。第1章でも触れたように、子どもたちは、学校生活を通して自身のキャラを作り上げてきている。キャラは単なる性格などを意味するものではなく、本人を端的に示すアイコンやアバターの役割があり、それがクラスでの立ち位置にも影響を与えている。そしてキャラが一度定まると、同じ集団内でそれを変えることは難しい。たとえば普段は「いい人キャラ」の子どもが、友だちから「ノート見せて」と頼まれれば、あまり見せたくなくても過剰適応気味にノートを見せざるを得なくなる。「いい人」なのに「ノートを見せてくれない」ことは子ども世界のなかではキャラに反する大きな矛盾であり、自分のクラス内での立ち位置に大きな影響を与えるからだ。どんなキャラであれ、それは子どもたちが苦労しながらコミュニティのなかで作り上げてきた自分自身の姿であり、そうしたキャラを失うことはアイデンティティの危機同様に大きな不安として襲いかかってくる。

　このような子どもたちがゲームやＳＮＳなどに没頭すると、「そんなことばかりしてるから朝起きられない」「健康に悪い」などと語る大人も多いが、不登校の状態が始まった当初、子どもたちが自発的にできる活動は大人が思うよりもずっと少ない。多くの子どもたちは外にいる同級生や近所の人、家族の目を気にすることから、その活動は家のなかや自室でできることでなくてはならないし、未来への不安や現在の葛藤を打ち払えるほど没頭できるものでなくてはならない。周囲の目が気になることからスポーツなどに取り組むことは難しく、学業は不安ばかりが煽られるため、勉強を頑張ることも難しい。のしかかってくる未来への不安や自分の作り上げてきたキャラの喪失にかかわる不安を打ち消したい気持ちから、子どもたちがゲームやネットに向かうこともしばしばある。

学校に行きづらいことと創作活動、ＳＮＳ

学校に行きづらくなった子どもは、起きている時間には、それまでもっていた未来像が思い描けなくなり、「これから先どうなるんだろう」という不安を抱えることになる。また、自分が作り上げてきたキャラを失い、やり場のない思いも押し寄せてくる。部屋にある漫画を読んでみても、一度読んだことのある漫画にはそれほど没頭できず、新しい漫画を買おうにも外に出なければならないし、お金もかかる。家にいることに後ろめたさを感じている子どもにとって、親に何かを頼むことはもちろん難しい。テレビでも、不安を打ち消してくれるほど没頭できるコンテンツがいつも放送されているわけではない。そういった意味で、学校に行きづらい子どもが不安を打ち払うためには、絶え間なく生み出され、没頭させてくれるコンテンツが必要になってくる。

インターネットの世界は、子どもたちにそのようなコンテンツをもたらしてくれることも多い。YouTubeであれば、アクティブなYouTuberはほぼ毎日動画を更新しているし、VTuberや配信者もそのフォロワーの多寡にかかわらず、かなりの頻度で配信をしている。お気に入りのYouTuberが投稿する動画は日常を忘れさせてくれるし、VTuberや配信者の小規模な配信は自分に語りかけてくれるように思える。小説投稿サイトの小説もそうだ。ネット上には本当にたくさんの作品が日々投稿されており、たとえば「小説家になろう」には一〇〇万以上の作品が掲載されている。

「小説家になろう」の小説にはある種のテンプレート（テンプレ）が存在することが以前から指摘されている（一方で、このようなテンプレの流行の推移はとても速いため、本稿を書いているあいだにも刻一刻と変わっていくだろうということはあらかじめ断っておく）。たとえば、「小説家になろう」で人気上位となり書籍化される作品には、ロールプレイングゲーム（ＲＰＧ）っぽい設定の中世風異世界ファンタジーや、ゲーム空間に没入できるバーチャルリアリティを実装したオンラインゲーム（多くはＭＭＯＲＰＧ[*1]に相当する）の世界に入ってしまうというもの、主人公が現代日本からそのファンタジー世界に転生したり召喚されたりするような「やり直したかった人生をもう一度異世界で」というものも多い。そして、その異世界のなかで非常に強力なスキル（現代の科学知識をそのままもっている、強力なスキルや魔法が与えられる、ゲームの運営側もびっくりするほどのスキルを偶然見つけてしまう、など）を有したまま物語が始まり、次から次へと敵を倒していくことなどがその特徴として指摘されている[5]。こうしたテンプレがあることから、似たような世界観、似たような設定、似たような筋書きのものは、「小説家になろう」の世界で評価を得ている・得ていないにかかわらず、たくさん存在する。なかには無職であったり、ひきこもりであったりする若者が主人公になり、異世界転生をし、チート能力を与えられ、「無双」していくような作品もある。そうした作品の主人公に、「キャラ」を喪失した自分が生まれ変わることを重ね合わせる不登校の子どもにもしばしば出会う。

　このようなジャンルの流行自体は「小説家になろう」のランキングシステムに由来するもの

であり、時代とともに変わっていくことは言うまでもないが、私たちはそのテンプレとも呼べる作品群のなかで、むしろ差分を味わうことで異世界転生ものを楽しんでいる。そして、その世界では「異世界転生もののオリジナルとは何か?」が問題なのではなく、テンプレのような設定ながらも「笑える」「テンションが上がる」「格好いい」などの理由で高評価を得るのである。[5] 第2章で触れたように、ボードリヤールは、ポストモダン社会においてはオリジナルを欠いた記号化されたコピーとしてシミュラークルが解き放たれ、現実とそのような記号化されたシミュラークルが逆転すると述べたが[6]、「小説家になろう」の世界は極めてシミュラークル的な作品に溢れ、その世界観はデータベースとして共通する要素はあるものの、「物語消費[7]」にみられるような世界を貫く大きな物語などはなく、「データベース消費[8]」的であるといえる。

そして、そのようなテンプレともいうべき設定があり、その差分を味わう作品群であるからこそ、小説を読みながら、「こんな設定のキャラが出てきたら面白いかもしれない」「話をこんなふうに展開したら面白いかもしれない」といったアイデアも思いつきやすく、「自分にもちょっと違った面白い作品が書けるかも」と、「何者かになれるかもしれない」かけらを求めて作品を書き始める子どもとも診察室ではしばしば出会う。

［事例］学校に行っている意味がわからなくなったリュウタ君

リュウタ君、初診時一六歳、男性。父母との三人暮らし。主訴は「学校に行く気がしない」（本人）。

受診までの経緯

乳幼児期の運動発達や言葉の発達に遅れはなかった。幼児期はおとなしい子どもであり、保育園に入った直後は、登園の際になかなか母親から離れられず、泣くこともしばしばあった。年少の発表会などでもカチカチに固まり、前に出ることを嫌がっていたが、年長になるころにはそのような姿はみられなくなった。

小学校入学後、学校ではおとなしいほうであり、休み時間もしばしば一人で教室内で過ごしていた。成績に関して両親が気になることはなかったが、高学年になると、グループでの学習発表などの場面で意見を言うことには苦労していた。家では『ポケモン』などのロールプレイングゲームを「小説みたいだから」と好んでおり、「一人でプレイしていた」という。

中学校では園芸部に所属。友だちはそれほど多くないが、部活動は真面目にこなしており、園芸部の大会で表彰されたことは「うれしかった」という。クラスには「友だちがいないわけじゃない」けど、「地味目なキャラだったから」「休み時間はやることがなかった」と話す。

地元の公立高校に進学したが、親しい友だちがなかなかできないことに加えて、「他のクラスメートがうるさくて、そういう雰囲気にあまりついていけなくて」、しだいに、自分自身が「高校に行っている意味がわからなくなった」。高校一年の夏休み明けからだんだん朝起きられなくなり、学校に行けなくなった。心配した両親が起こそうとしても起きられず、そのまま昼過ぎまで寝ているような生活で、起きている時間もあまり元気がなく、両親は学校のことを話題にするのを避け、リュウタ君は自室にひきこもりがちになった。心配した両親に連れられて、高校一年の冬に当院を受診した。

初診時の様子

挨拶をすると、チラッとこちらを見ながら、静かな声で挨拶を返す。学校に関しては「高校は農業系に進んだけど、学校に行く意味がわからなくなった」と語る。家では、深夜までパソコンなどをして過ごし、「親が（仕事で）いないから」昼過ぎに起きる生活をしているという。「親御さんとも顔を合わせづらいの？」と尋ねると、目線を下に落としたまま小さくうなずく。「パソコンでは何をしているの？」と尋ねると、「ネット小説とか読んでます」「ボーッとしてると、これから先のことを考えて嫌な気分になる。だから、ぼんやり何も考えずに小説を読んでいます」と語る。「少しは面白いなって思えるかな？」と尋ねると、「面白くないわけじゃないけど、ただ活字を眺めているだけだから、以前ほどは面白いわけじゃないと思います」という。

両親は「このまま学校に行かないと、就職もせず、ひきこもりにならないか心配」と語り、リュウタ君はうつむいたままそれを黙って聞いていた。筆者はリュウタ君に「学校のクラスメートと合わないなって感じると、学校に行きづらくなってしまう場合があること」「先のことを考えると憂うつな気分になりやすいし、そんなときには学校は棚上げにして、休んでほしいこと」を伝えるとともに、両親には「今は学校以上に、本人が家庭のなかでしっかり休めることが大事であること」「家庭でも居心地悪く感じているからこそ、昼過ぎに起きる生活になっていると考えられること」「家庭の居心地がよくなると、今よりも親子のコミュニケーションがよくなり、いろいろなチャレンジもしやすくなると思われること」を伝えた。

その後の経過

リュウタ君は定期的な外来通院に両親とともにやってくることになった。最初の数回は両親が同席していたが、その後はリュウタ君が先に入室し、両親が後から入室するという形態での診察となった。

診察に慣れてくると、リュウタ君は家での生活についてぽつりぽつりと語るようになった。ある日の診察で「ネット小説ではどんなジャンルが好きなの？」と尋ねると、「ありがちですけど、読みやすいし、あまり考えなくていいので、異世界転生とかそういうのをよく読んでいます」と答えた。「『無職転生』とか、『幼女戦記』とか？」と聞くと、「そんな有名じゃないのをよく読んでいます」という。「そういうのだと、感想を書くとけっこう作者が感想を返してくれるよね？」と尋ねると、「感想は自分からはあまり書かないけど、『いいね』とか、そういう評価はしています。恥ずかしいというか」と話す。異世界転生ものが好きな理由としては「日常系とか学校が出てくると、どうしてもいろいろ考えるから、異世界は普段の生活とだいぶ違うので」と語った。

この間、両親はあまり学校の話題には触れずに、日常的な会話だけをして過ごしていた。しばらくすると、ときどき先のことを考えてしまうことや、将来が不安であることを両親にも語るようになった。単位が足りなかったこともあり、両親は通信制高校などの見学も勧めたが、リュウタ君は下を向くばかりであったため、両親の勧めもあり、学校を休学することとなった。休学が決まったころから、未来への不安について考えることは減り、少しずつ「最近は楽しい小説もあります」と診察で語ることも増えた。

一七歳の夏ごろの診察では、「ウェブ小説って誰が書いてもいいから、自分も最近書いているんです。先生もよかったら感想をください」と話した。「どんな話なの？ 異世界もの？」と聞くと、「そうなんですけど、異世界のなかで、全然バイオレンスじゃないはずの『亜人』[*2]がバイオレンスキャラだったら面白いんじゃないかと思って書いているんです」と、小説のＵＲＬとともに、キャラなどの設定について書かれたノートを見せてくれた。ノートには手書きでたくさんの亜人キャラのイラスト、キャラ性が込められた名前、そのスキルなどが書かれていた。「うわーすごいね、よくこれだけのキャラを考えつくね」と思わず漏らすと、「頭のなかでできているんですけど、実際書くのは難しいです」と語った。

リュウタ君は二週間に一話くらいのペースで物語を書き進めており、少数ではあるが「いいね」や感想コメントをもらうようになった。「最近、ときどき感想コメントもらっているね」と言うと、「誰かが『いいね』とか感想をくれるのは励みになります。たまに誤字とか設定の整合性とかも質問されるから、ひやっとするけど」と語った。

その後、リュウタ君は感想をくれる読者だった「左京さん」も小説を投稿していることから、左京さんの小説にコメントをするようになった。書き手同士で意気投合したのか、数ヵ月後には「最近はリレー小説も始めた」と話した。「次はどんな話にしようとか、そんなことを最初は話していたけど、最近はそれ（小説のこと）よりもカードゲームとかそんな話ばっかり」「Discordで左京さんも含めて四人でしょっちゅう話すし、なんだったら昨日も一緒に遅くまで話してたし」という。左京さんとの関係については、「個別でも話すけど、ときどき相談に乗ってくれたり、こっちも会社の話とか聞いたりする。左京さんも昔学校に行けない時期があったみたいで」と語る。

翌年の春には、リュウタ君は通信制高校に通うことを決め、現在もその高校に在籍している。あまり通学をする必要はなく、昼ごろに起床し、ときどき学校の課題をこなし、夕方以降は左京さんやその他の仲間との交流を楽しく続けているようだ。小説もときどき投稿しているが、その多くは未完のまま終わっている。

小説投稿サイトという居場所

リュウタ君は幼少期よりゲームが好きな子どもであった。友だちがいないわけではないが、ゲームで友だちと積極的に交流するスタイルではなく、ロールプレイングゲームを「小説みたいだから」「一人でプレイしていた」と語るように、物語を自分のペースで読み進めるようなプレイスタイルを楽しんでいた。

高校生となり、クラス内の雰囲気についていけず、高校に行っている意味がわからなくなったリュウタ君は、ほどなくして学校に行かなくなる。生活は昼夜逆転しているものの、ずっとベッドで寝ているわけではなく、パソコンの前で過ごす時間も長いが、「ボーッとしてると先のことを考えて嫌な気分になる」からこそ、以前ほど面白いとは思えなくとも、ぼんやりネット小説を見ているのである。リュウタ君は、異世界は「普段の生活とだいぶ違う」から好きと語っているが、リュウタ君の好む異世界転生というジャンルは、日常とは対極に位置していることで、日常生活から連想される不安を抱かずにすむのかもしれない。

このころの筆者の役割は、本人の家庭での居心地をよくすることであり、「ひきこもりにならないか心配」と語る両親に、「家庭の居心地がよくなると、今よりも親子のコミュニケーションがよくなり、いろいろなチャレンジもしやすくなる」と伝えることであった。

家庭生活のなかで少しずつ波風が立たなくなったころ、「誰が書いてもいいから、自分も最近書いている」「異世界のなかで、全然バイオレンスじゃないはずの『亜人』がバイオレンスキャラだったら面白いんじゃないかと思って」と、リュウタ君は小説を書き始める。小説の設定を思いついたリュウタ君は、そのことに夢中になったのだろう。ノートにはたくさんの亜人キャラのイラスト、キャラ性が込められた名前、そのスキルなどが書かれていたが、このノートこそが、リュウタ君の「何者かになれるかもしれない」かけらだったのだろう。

けれども書き始めてみると筆はそれほど順調には進まなかったようであり、リュウタ君は「頭のなかでできているんですけど、実際書くのは難しい」と語っている。亜人が出てくるファンタジー小説はしばしば見かけるものであり、だからこそいわゆるテンプレのように「頭のなかにある」が、他の小説との差分を作るような描写はやはり難しいものなのだろう。それでも、リュウタ君は少しずつ書き進めていく。書き進めていけば誰かの目にとまり、「いいね」や感想を通した読者との交流が始まる。読者との交流は、リュウタ君が「励みになります」と語るように、書き続けるモチベーションになっている。このようにリュウタ君の作品も、読者との協働作業としての側面をもっている。

リュウタ君に小説の感想をくれる人の多くは読者でもあり、書き手でもあるため、読者との交流からやがて書き手同士の交流も始まる。リュウタ君の話に出てくる「リレー小説」は一つの小説を複数人で書き上げるものであるが、このような作者同士の交流はしだいに、非日常的な小説のことよりも、カードゲームや人生の相談、会社の話といった雑談や相談が多くなり、リュウタ君にとって書き手でなくともいられる居場所としての色彩をもつようになる。現在の左京さんたちとリュウタ君の関係性は友だちそのものであり、書き手と読者という関係性や書き手同士という関係性はもはや見えなくなっている。いや、むしろ非日常的な小説というコンテンツを通じての関係性よりも、日常的なコミュニケーションが前面に出てきたからこそ、そこが居場所となってきたといえるだろう。

何者かにならなくても、自分が認められる世界との出会い

「小説家になろう」や「pixiv」などの世界では、誰でも簡単に自分の作品を公開することができ、作者にとって作品は自分自身でもある。だからこそ、自分の物語やイラストに「いいね」がついたり、感想やコメントが残されることは、誰かに背中を押してもらえたような気持ちになる。

「自分も何者かになれるかもしれない」と思い作品を創り始めた彼らの多くは、そのようなユーザーとの交流を励みに作品を世に出し続ける。ユーザーや作者仲間とＳＮＳなどでもつながり、気が合えば雑談などもするようになる。私たち大人はつい、「将来に役立つこと」や「目に見える結果」を求めて、子どもたちの活動に対して、「小説やイラストでは食べていけない」などと言ってしまいがちである。もちろん、彼らのうちの多くは、商業的に成功するわけではないだろう。けれども、小説家やイラストレーターのような「何者か」にならなくとも、

その世界に出会ったことを後悔している子どもはいない。彼らは、その世界で等身大の自分自身を認めてくれる他者と出会い、やがて自分自身を見つけていくのだ。

私たち大人は、「何者かのかけら」を求める子どもたちの試行錯誤や出会いに、もう少しあたたかな眼差しを向ける必要があるのかもしれない。

＊1　MMORPG：Massively Multiplayer Online Role-Playing Game。多人数が同時に同じ空間を共有して遊ぶタイプのオンラインロールプレイングゲーム。

＊2　亜人：人間と似た姿形をもちながら人間と違った身体的な特徴や能力を備えた種族のこと。

第4章 ネットのなかでつながり、恋をする子どもたち

スマホの向こうからいつもの声がする。この声が好き。声だけじゃない、性格もいい。苦しいときには支えてくれる。私のことわかってくれる。彼と話していると寂しい夜もあっという間だ。彼の顔は知らないけど、そんなの大したことじゃないよ。

ネット上の出会い

ネット上の出会いが普及したのは二〇〇〇年代であるといわれている。そのころはいわゆる「出会い系」が主流であったというが、ＳＮＳが普及した現代においては、「出会い」を目的とせずＳＮＳなどでつながり、交流が深まった結果が「出会い」となっているケースも多いだろ

う。総務省の「次世代ICT社会の実現がもたらす可能性に関する調査研究」[1]によれば、ソーシャルメディアの利用目的としては、同じ趣味・嗜好を持つ人を探す（三五・九％）、ネット上で知り合った人とのコミュニケーション（一九・三％）、不特定多数の人とのコミュニケーション（一四・二％）、交友関係を広げたい（一一・九％）などが挙げられており、現実の「出会い」そのものではなく、何らかの新たなコミュニケーションを求めてSNSを用いる者が多いことが示唆されているが、SNS内でしだいに交流が深まり、実際にSNS内の友だちとオフラインで会ったことがある人も三五・八％と少なくない。大人からみればネット上の人間関係は希薄に感じることもあるかもしれないが、ネット上で出会った人とのあいだに絆の深まりを感じている者は六四・三％と多く、現代では多くの人がネット上で趣味の交流などを通じて気軽につながり、実際に出会い、その絆の深まりを感じているといえる。

ネットで恋愛をする子どもたち

SNSで新しい友だち関係を見つけたり、出会った相手と恋愛をしたりする子どもたちも少なくなく、ネットでの恋愛をしたことがある一〇代の割合は二三％とする調査もある。[2]ネットでの恋愛といっても、実際に彼氏／彼女と会う子どもたちばかりではない。診察室で「最近ネットで彼氏（彼女）ができた」と話す子どもたちに聞いてみると、オンラインゲームや

ＳＮＳなどで出会い、会話を交わすうちに付き合うことになったが、相手は遠くに住んでいるため、なかなか実際には会えないと話すことも多い。なかにはアバターや声しか知らない彼氏／彼女がいることさえある。実際に会うことがないまま、どのように気持ちを通わせているのかといえば、一緒にオンラインゲームをしたり、通話をしたりするのだという。

なかには毎日「寝落ち通話」をするという子どももいる。寝落ち通話とは、ＬＩＮＥなどを利用して話をしているカップルのどちらかが眠ってしまうまで通話を続けることである。寝落ち通話が通常のネッ友同士でもカジュアルに行われるかといえば決してそうではなく、「寝落ちは特別な相手としかしない」「誰彼かまわず寝落ちする人は通話を断る」と語る一〇代や二〇代の女性も多いことから、寝落ち通話は恋人もしくはそれと同等の（もしくは、そうなることが期待される）相手としかしないことが多いのだろう。ある調査によれば、一五～二九歳の一二％が寝落ち通話をしており、ほぼ毎日寝落ち通話をするのは恋人がいる一〇代の一六％であるという。[3] ＬＩＮＥなどのアプリが登場したことにより、寝落ち通話は、若い世代の恋人同士のつながり方として当たり前になってきているといえるだろう。

寝落ち通話をする子どものなかには、まるで同棲をしているかのように、学校以外ではずっと彼氏／彼女とＬＩＮＥをつなぎっぱなしにしている子どももいる。夕飯を食べる時間や家族と過ごす時間もつなぎっぱなしになるので、家族間で交わされる日常会話なども相手にオープンになっており、ときには家族が恋人同士の会話に混ざることもある。そんなオープンな付き合い方をしている子どもたちは、実際には会うことができなくとも、日常生活の多くを共有しており、お互いのことをよく知っている。つなぎっぱなしだから、何か用事があれば「ねえ」と話しかければすむし、それほどタイムラグもない。かつては恋愛において距離は大きな障害であったが、現代の恋愛ではもはや距離というものはあまり意味をもたないのかもしれない。さらにいえば、顔を知らない恋人がいることも実際にあることから、外見なども大きな意味をもたないのかもしれない。

デジタルアーツ株式会社による「未成年者の携帯電話・スマートフォン利用実態調査」によれば、ネット上の友だちとのコミュニケーション手段があると答えた女子高校生は七一・八％であり、六七・六％がネット上の友だちと現実に出会うことを希望している。また、悩みがあるときの相談相手としては学校や地元の友だち（六五・〇％）、母親（五一・五％）に次いで、ネット・SNS上のみの友だち（一七・五％）が挙げられている（一方で、男子高校生のうち相談相手としてネット・SNS上のみの友だちを挙げた者は六・八％しかいない）。これらの調査からは、高校生年代の女子にとって、SNSなどのネット上の友だちやパートナーがいるのは自然なことであり、そうした友だちやパートナーが相談相手などソーシャルサポートとして機能し、彼らと現実に会うことを希望していると考えられる。一方で、ネット上でのつながりなどに関して自分が事件やトラブルの当事者になるリスクはとくにないと思っている女子高校生は四八・五％と、その半数近くは、ニュースなどで見られる事件やトラブルを自分ごととしては考えていないことが示唆される。[4]

ＳＮＳで大人が心配なこと

どこで出会うにせよ、その出会いや恋愛がポジティブな結果に至れば、言うまでもなくそれは本人たちにとって幸せなことである。しかし、ニュースなどを見ればとてもそうは思えない事例も多いからこそ、周囲の大人は、ＳＮＳで知らない人と出会うことに不安を抱くのだろう。

そもそもＳＮＳでは、望んでいる相手とつながることもあれば、とくに望んでいない相手とつながることもある。ＳＮＳなどのアカウントでも、鍵垢でなければ不特定多数の人にフォローされる。そして、それらのつながりが、既存の友だち関係や家族関係に影響を与えることもあるだろう。たとえば、三〇代の男性が、仕事から帰宅した後、パートナーとの会話もそこそこにオンラインゲームに熱中し、Discordでネット上の友だちとの通話ばかりしていれば、パートナーから非難を受けることもあるかもしれない。ここでは成人男性を例に挙げたが、子どもがそこにのめり込むあまり、学校の友だちなど既存のコミュニティにおける人間関係が脅かされないだろうかと心配する大人もいるだろう。

また四人に一人がネットで恋愛をするという時代だからこそ、大人が最も心配なことの一つは、子どもが何らかの犯罪に巻き込まれることだろう。三人の女優が一二歳の少女に扮した場合、ＳＮＳ上にどのようなつながりが生まれるのかを追った『ＳＮＳ―少女たちの一〇日間』というドキュメンタリー映画[5]では、少女に扮した三人の女優に対して、二四五八人の男性が性的な誘いをしたり、「会いにくる？」などとコンタクトをとったりしたことが明らかになっている。日本では二〇二一年にＳＮＳを介して子どもが犯罪に巻き込まれた事例は全国で一八一二件あり、被害者が加害者と接触するきっかけになったＳＮＳとしてはTwitter（六六八人）、Instagram（三五〇人）、Yay!（一一三人）の順に多かったとされている。[6]

Twitter（現X）やInstagramは大人もよく知っているＳＮＳだろう。Yay!は匿名でやりとりできる通話コミュニティアプリであり、声を中心とした交流がなされることが多く、そのユーザーの八割は二四歳未満である。Yay!の前身であるひま部は、世代の離れたユーザー同士のやりとりから性犯罪の温床になったという経緯もあり、Yay!では年齢差が大きい相手とマッチングさせないようにするとともに、外部ＳＮＳのＩＤ交換を防ぐ仕組みも実装されているが、だからといって危ない人とまったく出会わないわけではない。

以上から、これらの犯罪に巻き込まれた子どもが利用していたＳＮＳは、①そもそも子どもたちの利用が多く、②匿名性が高いことなどがその特徴として挙げられる。言い換えれば、子どもたちの多くが利用しているというだけで、特殊なＳＮＳではない。

ＳＮＳ上の親しい他人

Twitter や Instagram、Yay! などは、同じ趣味や嗜好をもったアカウントとつながりやすい

ＳＮＳである。たとえば、Twitterでは多くの高校生が複数のアカウントをもっていることが知られているが、そのなかにはリアルのコミュニティでは言えない趣味のアカウントや、リアルの友だちには吐き出せない気持ちをつぶやくアカウントもあるだろう。ちょっと検索すれば同じ趣味をもった仲間はすぐに見つかるし、そこでしか出せないキャラで交流することもできる。そのような交流に救われたり、こころが満たされたりすることもある。Yay!は前述のように声でつながるアプリだからこそ、好きなアニメの話や好きな声優の声真似で盛り上がることもできる。「声がかわいい」「格好いい」と言われれば、うれしく思ったり、こころが満たされたりすることもある。

ＳＮＳにおいてはアイコン、プロフィール欄や投稿内容などのテキスト情報、声や話す内容といった音声情報など極めて限定された情報から、その人の人柄を推測することとなる。つまり、その判断には、実際の外見やその他の社会的な要素（家族のことや現実の友だち関係など）はあまり加味されない。そのように一部が隠されているがゆえに、ＳＮＳで出会う相手は理想化されやすく、特別な親近感を抱きやすいといわれている。このように匿名性と親近感の結びつきが強いために出会いやすい、社会的な背景がわからない親密な他者は「インティメイト・ストレンジャー」と呼ばれるが、匿名性があるからこそ、リアルの友だちには相談できないことを気軽に相談できたり、感情を共有できたりするという。[7]

現実が苦しい子どもにとってのＳＮＳという居場所

ネットの世界を居場所と感じる人は少なくないが、とくに現実のコミュニティで友だち関係や恋人関係を築けていない子どもにとって、これらのＳＮＳは居場所として特別なものとなりやすいだろう。もともと現実の友だち関係の親密さとＳＮＳ上のやりとりの数には関連があるとされているが、一方で、社交場面に不安がある人はネットにおける自己開示に大きな価値を置いているという[8]。こうしたことからは、現実の友だち関係が親密なほどネットでの交流も活発になりやすくなるとともに、現実でのコミュニケーションが苦手な人はネット上の自己開示を頼りに出会いを求める姿が想像される。

また、ネットを介した出会いの経験者のインタビュー調査からは、ネット上のやりとりから現実での出会いを経験した者は保護者と過ごす時間が少ないことや、学校や職場に行くことができず、友人・知人との信頼関係を築くことが難しいといった状況があり、それを補償するために出会いを実現している可能性が示唆されている[9]。学校に行っている高校生や大学生、会社員であれば、望むか否かにかかわらず何らかのつながりが生まれやすいが、そうでない子どもたちにとっては、誰かとつながろうと思うとネットを介した出会いに頼らざるを得ない側面もあるだろう。ネットでの出会いというと、多くの大人は、自分から積極的にＳＮＳを活用して出会っていると思うかもしれないが、居場所を求めてさまよううちにＳＮＳにたどり着いている子どもたちも多い。とくに現実のコミュニティ、家族、学校などに大きな悩みを抱えている場合には、そのような周囲に知られたくない悩みを相談できる場所として、SNSなどの空間に意味を見出すこともある。

現実のなかで苦しい状況にある子どもたちは、SNSのプロフィールなど限られた自己開示からつながった相手を理想化し、インティメイト・ストレンジャーとして捉えるようになる。このような関係性は居場所を求める子どもたちにとって、悩みごとの相談であったり、寂しいときの話し相手であったりといった情緒的なソーシャルサポートとなっているだろう。そして、特別な関係となった相手と通話をつなぎっぱなしにしたり、寝落ち通話をしたり、現実で会いたいと願ったりする子どもも多く、そこから同棲や結婚に至るケースにもときどき出会う。

一方で、SNSで知り合った相手と恋愛をしている子どもが数ヵ月毎日通話をしていたかと思えば、実際に恋人と会う前にあっさりと別れているといったことも多く、親密な関係性を気軽に断つことができることもSNS上の人間関係の特徴である。気が合わないだけではなく、リアルの生活が忙しくなり、ゲームになかなかログインできなくなったというだけでも、これまでの親密な関係が容易に途切れてしまうこともある。ギデンズは、社会関係を結ぶことのみを目的とした関係を「純粋な関係性」とし、それはいつの時点においてもいずれか一方のほぼ思うままに終わらせることができると述べているが、ネット上における友だちや恋人の関係はそのような「純粋な関係性」の延長線上にあるといえる。[10] SNSが当たり前になった時代のなかで、子どもたちを取り巻く親密な人間関係は、距離や時間などの障害がなくなるとともに、人間関係を断つことの煩わしさもなくなってきているのかもしれない。

ＳＮＳでの「出会い」に対して、大人ができることは？

子どもたちがＳＮＳにまつわる事件や事故などを自分ごととして捉えられていない現状は前述の通りであるが、昨今ではある程度のネットリテラシー教育は行われており、出会いの経験者も非経験者も同様にリテラシー教育を受けていることがわかっている。[11] けれども、現実が苦しく居場所が見出せない子どもにとっては、ＳＮＳが唯一のソーシャルサポートであることもあり、ＳＮＳで出会った相手から騙され深く傷つくリスクをわかったうえで、ネット上に居場所を求める子どもも多いだろう。

そのようなリスクを減らすために、親のアカウントと子どものアカウントをＳＮＳでつなぐといったことが行われることもあるが、これは親の安心にはつながるものの、子どもにとっては親からの監視のように思え、うんざりしてしまうこともある。事実、親とつながるＳＮＳはＬＩＮＥが最も多いが、つながりたくないＳＮＳとしてはTwitter（七一％）、Instagram（六七％）が多く、それはこれらのＳＮＳが非常にプライベートに、ときには周囲との関係性のないところで使われるものだからだろう。[12]

また、警察庁の調査などで、ＳＮＳを通して犯罪に巻き込まれた子どもがフィルタリング機能を使っていなかったことが示されたことから、子どもたちを犯罪などから守るためにペアレンタルコントロールやフィルタリングの使用も推奨されている。ペアレンタルコントロールやフィルタリングの機能を有効に使える家庭では、そのような機能を利用するほうが安全であることは言うまでもない。けれども、そうした機能を有効に利用できるということは、子どもと周囲の大人が、ＳＮＳの使い方などについて対話できる安全な関係を築いているということである。ＳＮＳに危なっかしい投稿をしてしまう子どもは、家庭においても苦しい思いをしていることが多い。安全な居場所が現実になく、「そこにしか居場所がない」「そこしか助けてくれる場所がない」と思っている子どもだからこそ、ＳＮＳにかすかな希望を求めて危なっかしい投稿をしてしまうのである。ましてや相談に携わる大人が「ネットでの出会いなんて」と非難の目を向ければ向けるほど、子どもたちは現実の大人とはつながらず、相談しなくなってしまうということを私たちは忘れてはならないだろう。

そのような苦しさを抱える子どもたちに、ＳＮＳなどを用いて安全に相談できる場所を案内する仕組み作りや、チャット相談の窓口を知らせていくことなどは有効であると思われ、そうした取り組みは、チャイルドラインや「あなたのいばしょ」のチャット相談をはじめとして全国で行われている。

どんな相談の場であれ、私たち大人のできることは、現実で傷つきを抱え、ネットの世界でも傷ついた子どもたちに「ＳＮＳなんかしてるから」「フィルタリングをしてないから」と非難の目を向けることではなく、どんなことを話しても安全な環境を提供しながら、ここには

SNSの世界みたいに理想的な人はいないかもしれないけれど、騙そうとしたり危害を加えたりする人もいないことを知ってもらうことだろう。そして、ときには傷つきの結果として大人への不信感などを見せる子どもが、少しずつその子らしく過ごしていけるようになることを見届けることであろう。

〔事例〕SNSでつながり、恋をするフウカさん

フウカさん、初診時一七歳、女性。両親、姉との四人暮らし。主訴は「スマホばかりで家族と話をしない」（両親）、「どこにも居場所がない」（本人）。

受診までの経緯

保育園のころは活発で、友だちが多く、ままごと遊びが好きであった。小学校入学後、成績はよく、みんなから慕われており、学級委員に推されることも多かった。学校から帰ると、よく友だちと近所の公園で遊んでいた。習いごとの体操も上手であり、しばしば大会で入賞するほどであった。

中学生になってからもクラスの中心メンバーの一人であり、バレー部で活躍していた。同級生や先輩との関係もよく、部活のない休日には一緒に遊びにいくほどだった。

中学校に入学して間もなくして、部活の連絡などにスマホを使い始めた。中学二年時に、仲良くしていたバレー部の同級生からのＬＩＮＥを「すぐに返信しなかった」ことがあった。そのことに腹を立てたのか、同級生からは「もう部活に来るな！」などとメッセージが届くようになり、部活のグループＬＩＮＥにもしばしば悪口やそれに同調するメッセージが書き込まれるようになった。

　フウカさんは、当初は「あっけらかんと振る舞っていた」（と母親は話す）が、しだいに部活に行こうと思うと吐き気やめまいが生じるようになった。中学二年の一月ごろからは頻繁に三七度台の微熱が生じるようになり、学校を休むことが多くなった。心配した母親とともに近くの小児科などを受診するも、これといった所見はなく「ストレスのせいかも」と言われた。二月に両親が「学校で何かあった？」と尋ねると、フウカさんは「部活に行きたくない」「部活のみんなも学校のみんなも私のことを嫌っている」と泣き出し、一連のＬＩＮＥでの出来事を語った。その後、両親が学校と話し合いをし、部活を休むこととなり、同級生からも謝罪の手紙が家に届けられた。

　三年生になり、その同級生とは別のクラスになったものの、朝はなかなか起きられなかった。起きている時間のほとんどを、スマホゲームをするか、好きなアイドルグループやゲームに関連するＳＮＳなどを見て過ごし、しだいにＳＮＳで知り合った友だちと交流するようになり、友だちから勧められて、音声通話をするＳＮＳも使うようになった。「普通に学校にも行けない自分なんて迷惑」と思い、家族とはほとんど話すことなく自室で過ごしていたが、少しずつ元気になったのか、部屋からは誰かと通話している声や笑い声が聞こえることもあった。

両親の勧めで通信制高校に進学し、高校一年時はなかば家族に連れていかれる状態で週二回通学していたが、学校では誰とも話すことはなかった。家では昼夜を問わず、スマホでゲームやＳＮＳを眺めて過ごすようになった。家族は「学校は週に二日だけだから」と励ましていたが、二年生になると自室から出てこなくなった。家族はなんとか学校に行かせようと、本人に声をかけ、スマホを取り上げようとしたものの、本人はベッドのなかでスマホを握りしめ、イヤホンをつけて泣き叫び抵抗した。夏ごろからはしばしば自傷の痕跡が認められたが、家族には何も話そうとしなかった。自室からほとんど出てこず、家族とも話をしようとしないフウカさんを心配した両親に連れられて、高校二年の冬に当院を受診した。

初診時の様子

両親と一緒に入室。挨拶の後、フウカさんに尋ねたところ一人で話をしたいと言うため、両親にはいったん退室してもらった。

フウカさんは、学校は「卒業はしたい」けど、「体が動かない」と言う。また、「みんなは普通に学校に行っているけど、自分は普通に過ごすことがしんどい」「普通じゃない自分なんてみんなに迷惑」と語る。家ではＳＮＳで知り合った友だちと通話をして過ごしており、その話をするときは少しだけ声が明るくなる。「ネッ友と話す時間がだいたい一二時すぎとか、もっと遅くなる」「話していると時間を忘れる」「その子たちは中学時代に学校に行けなくなったとき、苦しかった自分を救ってくれたから特別」と語る。筆者が「そこがフウカさんの居場所なんだね」と言うと、「普通でいるのもつらいし、何をしてもつらい自分にはネットくらいしか居場所がない」と話す一方で、「でも、なかには病み垢でつながった人もいるから、そういうのはしんどい。出会い厨みたいな人もいるし」と語る。「学校のことは、今はちょっと横に置いておいて、まずは家のなかでも元気に会話ができるように、自分が話していて楽しい大切な人と話してほしい。フウカさんにとって大切な人って誰かな？」と尋ねると、「中学時代に助けてくれた、ミミさんと、ルル君かな」と答える。

両親は「私たちともほとんど話さない」「ＳＮＳばかりしているからＳＮＳ依存なのではないか？」「スマホを取り上げようと思ったが、泣き叫ぶばかりで……」と話した。筆者は両親とフウカさんに、「もともとの現実が苦しいから、ＳＮＳの世界のなかに自分の居場所を見つけるのは理解できること」「それを取り上げたらフウカさんの居場所がなくなってしまうから、それよりは家の居心地が少しだけよくなるようにかかわってほしいこと」などを話した。両親から「どんなことをしたらよいでしょうか？」と尋ねられたため、「ＳＮＳの友だちのことは今よりも少しだけ肯定的に見てほしいこと」「今の状況だと、学校に行こうと思えば思うほど苦しいので、学校に行かせようとするコミュニケーションは避けたほうがよいこと」「毎日のご飯のときや機嫌がいいときには、ＳＮＳの友だちとの話やその人柄について聞いてみるのもいいかもしれないこと」を伝えた。

その後の経過

三月の診察では、フウカさんは、「このあいだから『学校は無理しなくていい』と言われた。でも嘘だと思う」と少し笑顔で語る。家では両親と少ししゃべるようになり、「病み垢で知り合った人から離れようと思って、そのことを相談した」「最近は、ルル君やミミさんと声真似したり、雑談したりしている」と言う。高校は両親のサポートもあり、なんとか進級した。

高校三年五月の診察時、フウカさんは現れなかった。「あ、めずらしいですね。フウカさんは？」と両親に尋ねると、「新しく知り合った人（との関係）が疲れるって言うから、ＳＮＳばかりじゃなくて現実の友だちもつくってみたら、って言ったら、すごい勢いで泣いて怒って、家から出ていっちゃって。帰ってはきたんですけど、また話さなくなって……」と語った。筆者が「フウカさんにとってＳＮＳの友だちは、出会った場所がＳＮＳというだけで、大切な友だちだと思われること」「ご両親も、大切な人に自分の友だちを誰かと比べられたら嫌な気持ちになるかもしれないこと」を伝えたところ、両親はフウカさんに謝ってくれ、その後、フウカさんと両親の関係がこじれることはほとんどなくなった。

フウカさんがそのころよく通話をしていたのは、中学時代からつながっていたルル君だった。ほどなくして、ルル君から告白され、付き合うことになり、「だいたい毎晩、寝落ちしている」「起きる時間に私も起きて、通話して、起こしたりもしています」「通話はほとんどつなぎっぱなし」「お母さんともときどき話しますし、今もつながっていますよ、ほら」と診察でも語るため、「こんばんは、関って言います」とルル君に簡単な挨拶をすることもあった。

フウカさんとルル君はまだ一度も会ったことがない。それでも、毎日通話をし、お互いの日常（とお互いの家族の日常）を共有している。高校を卒業したら二人で大阪に旅行に行きたいと、お互いの両親に通話で伝えているそうだ。診察室では、母親も「私たちも行こうかしら？」と言い、「いいんじゃない？　別行動だけど」とフウカさんから返されている。

フウカさんとルル君の居場所は、家族の居場所ともつながったようだ。

ＳＮＳと恋愛と居場所

フウカさんは、中学二年のとき、ＬＩＮＥで同級生に「すぐに返信しなかった」ことから「もう部活に来るな！」などとメッセージを送られたり、グループＬＩＮＥに悪口を書かれるなどのいじめを受けるようになった。当初はあっけらかんとして、気丈に振る舞っていたが、しだいに吐き気やめまい、発熱などの身体症状を呈するようになり、学校に行けなくなっている。みんなが「私のことを嫌っている」と思い、「普通に学校にも行けない自分なんて迷惑」と考えていたフウカさんは家族とも話すことがなくなり、学校だけでなく家庭での居場所もなくしていたのだろう。そんなとき、フウカさんがたどり着いたのがＳＮＳであり、そこでつながったミミさんとルル君は「苦しかった自分を救ってくれた」特別な人であったのだろう。子どもにとって現実の居場所は学校と家庭が大部分を占めており、それらをなくした子どもたちがＳＮＳに救われることはしばしばある。

　高校もしばらくして行けなくなるが、両親はＳＮＳのせいで学校に行けなくなっていると思い、取り上げようとした。しかし、フウカさんは自分の居場所を守るようにイヤホンで両親の声を遮るとともに、スマホを握りしめながら泣き叫び抵抗する。

　フウカさんのように「ＳＮＳにハマっている」ように見える子どもに接する際には、その子にとって現実に居場所が存在しているかに注意を払う必要がある。子どもにとっての大きな居場所は家庭と学校である。学校に行きづらくなることは、学校での居場所をなくすことを意味し、同時に家庭での居心地も悪くなる。両親が家庭の居心地がよくなるようにと、日常的な会話をしようとし、「学校は無理しなくていい」と声をかけたことから、フウカさんにとって家庭の居心地はよくなったかもしれない。けれども、「嘘だと思う」と彼女が語るように、家庭も居場所だと信じたい思いと信じたくない思いは、フウカさんのなかに両価的に存在したのだろう。せっかく信じて相談したのにもかかわらず「ＳＮＳばかりじゃなくて現実の友だちもつくってみたら」と両親から言われ、家を飛び出したフウカさんの心中は穏やかではなかったに違いない。両親がフウカさんを大切に思い、その後、素直に謝ってくれたことは、「大人は理想的ではないけど悪くない」と思うことや、家庭を安全に感じることにつながったのかもしれない。事実、その後フウカさんと両親は安全な関係をつくることができている。

　フウカさんとルル君の恋愛についても考える必要がある。ルル君は中学生のころと今回の両親とのけんかという、フウカさんにとっての二度の危機を支えた人物であり、フウカさんにとって特別な存在として意識されることは当然ともいえる。お互いに一度も会ったことがなく、音声情報から得ることができる断片的な情報のみが、ルル君についてフウカさんが知っていることである。それでも、ルル君はフウカさんと毎日「ほとんどつなぎっぱなし」で「お母さんともときどき話」をし、診察室でも「つなぎっぱなし」で治療者とも挨拶をする。そんなルル君とのＳＮＳにおける居場所は、フウカさんにとって、家族の居場所と地続きにあるといえるのではないだろうか。母親も「私たちも行こうかしら？」と語る彼女らの卒業旅行はきっと実現するだろう。

ＳＮＳにおける現実の出会いにはたしかにリスクがあるからこそ、子どもがＳＮＳなどで出会った人と「会いたい」と相談してきたとき、その安全性をどのように見極めればよいか悩む大人も多いだろう。「ＳＮＳでの出会いなんて危険だ」と思う大人もいるかもしれない。けれども、ＳＮＳにおける出会いのリスクは一様ではなく、グラデーションがあり、趣味を通じて知り合い、中学時代から親のいる場所でもオープンに話せる関係性の恋人のほうが、「家出したい」とつぶやいた際に、「そのままの君でいい」「うちに来て話そう」などとメッセージを送ってくる相手よりも子どもが傷つくリスクが少ないことは言うまでもない。ＳＮＳでの恋愛＝危険と決めつけてしまうのではなく、知り合ってからの期間や知り合った経緯、会話のオープンさといったリスクを推しはかる物差しを使いながら、子どもと一緒に考えられる関係性をつくっていくことが、何よりも大切なのかもしれない。

コラム2

SNSやネットを使い始めるのは早いほうがいい？ 遅いほうがいい？

子どもたちの多くは、SNSやネットを利用するためにスマホを使っている。当初は親のスマホや、以前に親が使っていた契約の切れたスマホを使うことが多いが、年齢が上がるにつれて自分のスマホを欲しがるようになる。モバイル社会研究所の調査によれば、スマホの所有率は小学校低学年で一八%、高学年で四二%、中学生で七九%となっており、小学六年生でスマホの所有率は五〇%を超え[1]、スマホをもつ年齢が低くなってきていることが示唆される。

当然、多くの子どもが自分のスマホをもつ前にネットの利用を開始しており、〇～六歳の子どもにおいても一日に平均二時間以上インターネットを利用することがわかっている[2]。小学校低学年のうちは動画視聴などに時間を費やす子どもが多く、SNSなどの利用は二〇・二%と少ないが、小学校高学年では四三・〇%、中学生では七四・六%と、多くの子どもが何らかの形で投稿やメッセージのやりとりをするようになる。このように低年齢からスマホを利用し始め、SNSなどの利用も小学校高学年くらいから増えてくる現状を考えると、その使い方に関する教育も低年齢から始める必要があるように思われる。

ＳＮＳやネットの使い方については、大人との約束づくりなども必要になってくるが、高校生の子どもとのあいだに約束をつくるのと、小学生の子どもとのあいだに約束をつくることを比べた場合、どちらが容易かは言うまでもないだろう。

もちろん、ＳＮＳやネットの安全な使い方を子どもに知識として伝える試みは各所でなされているが、車の運転の仕方を実際に運転することなく学ぶことが難しいように、ＳＮＳやネットを実際に利用しないまま、その使い方を一緒に考えていくことは非常に難しい。そう考えると、比較的低年齢から親と子どもでその利用の仕方を話し合っていく必要があるといえるが、その際にはいくつか注意点がある。

まず、どんなＳＮＳでも、完全に安全な使い方などない。子どもたちはしばしば危なっかしい使い方をすることもあるだろう。そんなとき大人は「ほら、だからまだ早いって言ったのに」と言いたくなるだろうが、そのような感情は少し棚上げにして、どんな利用の仕方がよかったのか、子どもと対話をしながら一緒に考えていく必要がある。

また、子どもから大人にＳＮＳに関する相談が持ち込まれることもあるが、そうしたとき、「大人は相談しにくい」と思われることは、できれば避けたい。子どもたちからの相談は、ＳＮＳ上における学校の友だちとの関係であったり、ネットのなかの人間関係をめぐるトラブルであったりするのだが、そのような相談だからこそ、「よく相談してくれたね」と伝えつつ丁寧に応じていきたい。そうした相談を軽んじてしまうと、子どもたちはＳＮＳに関するトラブルを周囲の大人に相談しにくくなる。そうなれば、子どもたちがＳＮＳで危ないことに巻き込まれるリスクはより高まるだろう。

大人のなかには、安全のためにフィルタリング機能を活用することを考える人もいるだろう。けれども、フィルタリングが有効なのは、ＳＮＳやスマホの使い方を親子で話し合える土台がある家庭だけである。一方的にかけたフィルタリングや制限は何らかの形で子どもに突破され、親子の対立の火種につながるだけだろう。

スマホの利用が低年齢化している現状を考えると、できれば早いうちから、親子でＳＮＳなどを実際に利用しながら、その使い方について考え続ける習慣を家庭のなかでもつことが望ましいように思われる。

II

不登校とその背景

第5章 ゲームを取り上げると暴れてしまう子どもたち

深夜一二時、今日はいい感じだ。敵の足音もよく聞こえているし、エイム[*1]も悪くない。「このままいけばランク上がるかも」と期待が膨らむ。「やった」「あと一人」「ナイスキル！」と仲間の声が聞こえる。興奮で思わず大きな声が漏れる。「行ける！」と思った瞬間、突然画面の挙動がおかしくなる。ヘッドセットからは「どうした？」「落ちたっぽい⁉」と仲間の声が聞こえてくる。返事もできずに、ヘッドセットを外して振り返ると、こちらをじっと見ている大人がいる。「なんでネット切るんだよ……」。怒りとも悲しみともつかない、声にならない声が溢れてくる。やり場のない思いをぶちまけるように、少年はコントローラーを床に叩きつけた。

ゲームをめぐる現状

令和四（二〇二二）年度の「情報通信メディアの利用時間と情報行動に関する調査報告書」によれば、一〇代の五五・七％がテレビゲーム機を、五五・〇％が携帯型ゲーム機を利用しており[1]、各家庭にゲーム機が普及していることがみてとれる。また、最近のゲームにおいては、インターネットを通じて遠くの友だちと対戦したり、コミュニケーションをとったりすることができるものも多い。オンラインゲームは、通園中の幼児の四五・二％、小学校低学年の七五・四％、小学校高学年の八六・二％が利用しているとされ[2]、多くの子どもが低年齢からオンラインゲームを楽しんでいる（図5-1）。とはいえ、子どもたちがオンラインゲームを積極的に選んでいるというわけではなく、『スーパーマリオブラザーズ ワンダー』や『スプラトゥーン』をはじめ、少なくないゲームタイトルがオンラインに対応しており、離れた友だちとも一緒に遊べると言ったほうが適切だろう。

　このようにオンラインゲームをはじめとして、ゲームは子どもの世界に広く普及しているが、それらを取り巻く大人の視線は必ずしもあたたかいものとはいえない。しかし、ゲームは子どもたちの世界のすみずみまで行きわたっており、小学校の休み時間にはゲームの攻略やYouTubeのゲーム実況が話題になることも多く、それらをまったく知らないで子ども社会を生き抜いていくのは、意外と難しい。

〔図5-1〕 オンラインゲームをする子どもの割合(文献2)

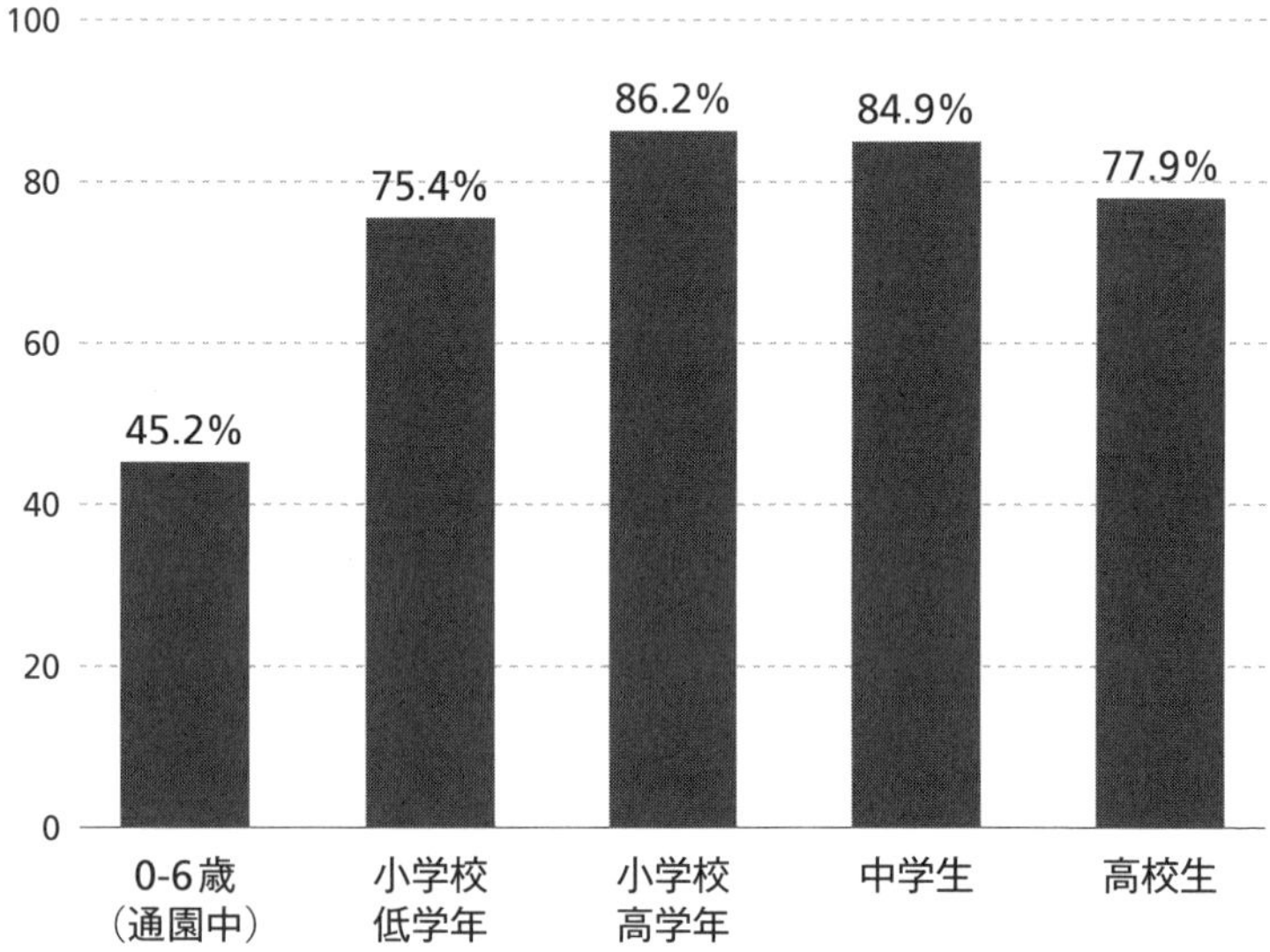

ゲームはどうして面白いんだろう？

どのようなゲームであれ、ゲームというものは「面白い」と思ってもらえるように、さまざまな仕掛けが施されている（もちろん、仕掛けがあるから、すべての人に受けるというわけではない。うまく仕掛けがハマって売れるゲームもあれば、仕掛けがハマらず売れないゲームもたくさんあるだろう）。古典的な例でいえば、多くのゲームはプレイヤーのスキルとゲームの難易度が適合するように作られている。フロー理論にあてはめれば、プレイヤーが自身の没入感覚を伴う喜びの体験である「フロー」の状態に入るようデザインされているともいえる。[3] たとえば、『スーパーマリオ』シリーズなどのアクションゲームの最初のステージが難しすぎれば、「このゲームはクリアできなさそう」とやめてしまうだろうし、反対にずっと同じような難易度のステージが続けば、「つまらない」と思ってやめてしまうだろう。自分のスキルに適合したステージが現れるように設計されていることにより、プレイヤーはフロー状態に入りやすくなり、ゲームへの没入状態が維持される。

また、ゲームにはさまざまなジャンルがある。株式会社ゲムトレが行ったアンケート調査によれば、現代の小学生は『マインクラフト』『スプラトゥーン』『フォートナイト』などのゲームでよく遊んでいるとされているが、[4] それぞれのゲームはジャンルが異なることもあり、プレイヤーが感じる「面白さ」は異なっている。

『マインクラフト』はたくさんの人気YouTuberが実況などをしたこともあり、人気となったゲームである。とにかく自由度が高く、よい意味で不親切なゲームであり、最近のゲームにはめずらしくチュートリアルの要素はない。だからこそ、広大な世界に放り出されたプレイヤーは自由に探索し、採掘をしたり、何かを創造したりすることができる。ときには失敗することもあるが、好きなYouTuberの実況などを参考に試行錯誤を繰り返しながら、自分たちだけの秘密基地を友だちとつくる子どももいる。子どもの遊び場は近年減少してきており、昔のように子どもたちが空き地などを見つけて秘密基地をつくることはどんどん難しくなっている。また、最近の子どもの遊び場は整備された公園をはじめ大人が管理できるところが多くなっているが、子どもの遊びに大人の目が届きすぎることは、メンタルヘルスにとって決してよいことばかりではない[5]。『マインクラフト』は大人の管理が行き届かない自由な遊び場だからこそ、子どもたちにとって秘密基地のような魅力をもつのかもしれない。

『フォートナイト』は非常に多くの遊び方ができるゲームであり、その一つが「バトルロイヤル」である。バトルロイヤルはだんだん小さくなるプレイゾーンのなかで、最後の一人になるまで戦うというゲームのジャンルである。その面白さとしては、無力な状態から始まるというサバイバル要素、チーム内のボイスチャットを通じた声援や助け合いなどのコミュニケーション要素、画面の向こうの他者と競い合う対人的な要素などが挙げられる。一方で、バトルロイヤルは勝ち負けがはっきりしているため、子どもは負けた悔しさからしばしば怒ってしまったり、負けたことを味方のせいにして暴言を吐いてしまうこともある。

『スプラトゥーン』は主に四対四で対戦するＴＰＳ（Third-Person Shooter）というジャンルのゲームであり、とにかくたくさんインクを塗る（ナワバリバトル）、特定のエリアを塗って、長い時間守り続ける（ガチエリア）、ホコを持って相手陣地のゴールを目指す（ガチホコ）など、たくさんの遊び方があるのが特徴である。シューティングゲームは相手を倒すことが重要ではあるのだが、『スプラトゥーン』には塗ることの重要度が高いルールもあり、相手を倒すことが得意でない初心者もゲームに参加しやすくなっていることが特徴の一つである。

かつての子どもたちが放課後の公園に集まったように、最近の子どもたちは『フォートナイト』や『スプラトゥーン』のロビーに集まることも多い。そこではもちろんゲームをするのだが、待っているあいだには、学校のことなど雑談も交わされる。しかし、『スプラトゥーン』も『フォートナイト』同様勝ち負けのはっきりとしたゲームであり（しかも『スプラトゥーン３』では、相手チームが勝って喜んでいる姿をけっこう長く見せられる）、負けた子どもたちが悔しさのあまり怒ってしまうのはどこの家庭でもしばしばみられる光景である。

ゲームとリアルの人間関係

小学生くらいの子どもは学校の友だちと一緒にゲームで遊ぶことも多く、それが実際の友だち関係のトラブルへと発展するケースもある。しかしこれらのトラブルは、オンラインゲームだけでなく、休み時間のドッジボールや鬼ごっこにおいても起こり得るものである。したがって、「ゲームで暴言を吐いてしまう」子どもと出会ったときに大切なのは、ゲームを遠ざけることではなく、子ども自身にどんな気持ちが生じていたかを丁寧に扱うとともに、対処の仕方などを子どもと一緒に考えていくことだろう。

　また、最近のゲームは友だちとボイスチャットなどで交流しながら遊ぶことも多い。大人は子どもたちが夜遅くまで会話をしながら遊ぶことに眉をひそめるかもしれないが、昨今では新型コロナウイルスなどの影響もあり、公園で遊具の使用が禁止になったり、「大声禁止」「ボール禁止」といった規制がなされたりするなど、子どもたちが大声を出して自由に遊びまわることができる場所を見つけることは難しくなっている。そうしたなかでゲームの空間は、学校の友だちと遊ぶ「放課後の公園」のような意味をもち、現実では会えない子どもたち同士がつながり、その社会から切り離されないようにする機能ももっている。

　一方で、ゲームのなかに仲間関係があるからこそ、途中で抜けることで「雰囲気を壊してしまうのでは」と考える子どももいる。そんなときに唐突に大人がやってきて、「いいかげんにしなさい」と怒鳴って電源を切ってしまったらどうだろう？　ボイスチャットを通じて、こちらの声は友だちに聞かれているかもしれない。「友だちにそんな姿を見られたくない」「明日、自分のせいで負けたと言われるかも」などさまざまな気持ちがわいてきて、怒ってしまうこともあるだろう。

　このようにゲームの世界には面白さがちりばめられるとともに、そこには仲間をはじめとする人間関係が存在し、それは学校など現実世界の人間関係としばしばつながっている。だからこそ、子どもにとってゲームをおしまいにするのは、大人が思うよりもずっと難しいのである。

ゲームの世界は居場所の色彩を帯びる

たくさんのプレイヤーが一つの世界で同時にクエストをこなすＭＭＯＲＰＧなどにおいては、たくさんの仲間がいたほうが攻略上有利であることが多い。ＦＰＳやＭＯＢＡ[*2]などにおいては、いつもの仲間と戦ったほうが連携が容易になり、勝利へとつながりやすい。このような背景もあり、オンラインゲームの世界には何らかのコミュニティができやすい。オンラインゲームの世界には強くなりたい人、攻略を進めたい人、情報交換したい人、教えたい人、ただおしゃべりしたい人、お金儲けをしたい人など、さまざまな人が集まってくる。人が集まれば人間関係が生まれ、気の合う仲間もできれば、気の合わない人も出てくる。気の合わない集団からは気楽に離れることもできるし、ブロックすることでかかわらないようにすることもできる。このような出会いと別れを繰り返しながら、多くの子どもたちは自分にとって気楽に過ごせる居場所を見つけることとなる。そして、不登校の子どものように現実の人間関係が苦しい子どもにとっては、そのような居場所が苦しさを救ってくれることもある。

不登校とは、児童生徒が学校を長期に休み、それをめぐって何らかの悩みや葛藤が生じている状況の総称である[6]が、不登校の子どもがオンラインゲームやインターネットの世界に傾倒することは少なくない[7]。一部の大人は「ゲームやネットにハマったから不登校になった」と考えるが、実際に診察室で出会う不登校の子どもは、現実の苦しさになんとか対処しようとして、オンラインゲームなどに傾倒していることのほうがずっと多い。

　また、ゲームの世界との関係性は不登校の時期によっても異なっている。不登校が始まった当初、オンラインゲームの世界は苦しい現実を回避するための緊急避難場所のような意味合いをもっているが、その世界に関与し、のめり込み、だんだん気の合う仲間と出会っていくなかで、しだいに居場所の色彩を帯びてくる。さらに、そこでの子どもたちの会話に耳を傾けてみると、当初はゲーム内で必要なやりとりや簡単な挨拶のみであったものが、出会いや別れを何度か繰り返すうちに、気の合う仲間と出会い、夕飯の話や好きな漫画やアニメの話、仲間内の誰かの通信制高校や大学の話、ちょっとした人生相談などに変わってくる。このようにオンラインゲームの世界が居場所の色彩を帯びるにつれて、その世界から漏れ聞こえてくる会話の音色も変わってくる。

　スノッドグラスらは、オンラインゲームの世界への没入は、そこにエネルギーや時間を費やすほどつながりを生み出し、幸福度が高くなることを報告している[8]が、オンラインゲームの世界が居場所の色彩を帯びることは、不登校の子どものウェルビーイングに貢献しているともいえるだろう。また、人生の困難な時期に遊んだゲームに関する調査によれば、困難な状況におけるゲームの機能として①ストレスからの解放、②感情への対処のサポート、③社会的つながりの促進、④個人の変化と成長の刺激、⑤ライフラインといったポジティブな機能が挙げられている。[9] これらを不登校の経過と重ね合わせると、オンラインゲームは、不登校の初期にはストレスからの解放やライフラインという緊急避難場所として機能し、オンラインゲームが居場所の色彩を帯びていくことで社会的なつながりを促進し、個人の変化や成長をもたらすといった側面が大きくなるものと考えられる。

だからこそ、私たち大人がオンラインゲームに傾倒する子どもと出会うときには、その世界をただ否定するのではなく、ましてや奪うのではなく、「誰と遊んでいるのか」「その子とどんな話をしているのか」「その世界は居場所になっているのか」「その世界は子どものウェルビーイングに貢献しているか」という点に注意を払いながら、目の前の子どもと話をしていく必要がある。

ゲームを取り上げざるを得なかった親の心情

大人が感情のままにゲームを子どもから取り上げたとしても、やがて子どもはゲームの隠し場所を探し当て、大人の感情が静まったころを見計らってこっそりゲームを始めてしまうことも多いだろう。そればかりか、取り上げようとした大人とのあいだに深刻な対立をもたらすことも多い。このような対立がゲームの問題の深刻さと関連する[9][10][11]ことは言うまでもない。

したがって、「ゲームを取り上げてもよい効果はないこと」や「親子の対立など悪い効果をもたらしやすいこと」などに関する親への心理教育は大切だと思われるが、親も経験的にそのようなことはすでに知っている場合が多い。では、どうして親は子どもからゲームを取り上げてしまうのだろう？

診察室で聞いてみると、「意味がないと思うけど、他の方法が見つからない」「暴力的なゲームばかりしているから、現実でも暴力的にならないか心配」「ゲームで負けると口が悪すぎて聞いていられない」「友だちがいなくならないか心配」などという答えが返ってくる。このように、「取り上げ」以外の方法が見つからないから取り上げざるを得ないのであって、支援者は「ゲームを取り上げてもよい効果はない」ことを伝えるだけでなく、背景にある親の不安な気持ちを少なくできるように、実行可能な支援策を一緒に考えていく必要がある。その意味では、「ゲームの取り上げ」の責任の一端は、そうせざるを得ない状況に追い込んでしまった私たち支援者にもあるといえる。

ゲームと攻撃性の関係について考えてみよう。暴力的なゲームで子どもの攻撃性が高まるのではないかというのは、メディアなどでよく論じられていることもあり、多くの親がもつ懸念の一つである。この暴力的なゲームと攻撃性の関係については、いわゆるプライミング効果であり、短時間で終わり[12]、長期的な意味合いでの性格の変化などはないことが示唆されている[13]。少し日常にひきつけて考えれば、暴力的なゲームをしている最中には口が悪くなったり、荒ぶった行動をしたりすることもあるが、それは長続きせず、場面が変わって楽しいアニメなどを見ているときはうってかわってニコニコしているというように、日常的に攻撃性が高まることはなさそうだということである。子どもが暴力的になることが心配だからこそなんとかゲームをやめさせようとしている親に対して、このようなことを心理教育として丁寧に伝えていくことは、親子の対立を緩和する意味があるだろう。そして、子どもに対しては、①性格は変わらないけれど一時的に荒ぶった言葉などが出やすいこと、②友だちと一緒にゲームをしているときには、そのせいで学校での人間関係にも影響が出やすいこと、③怒りの有無とゲームの勝敗の関係を記録してみること、などの心理教育を中心としたかかわりを継続していく必要がある。実際に怒りの有無とゲームの勝敗に関する記録をとってもらうと、「うわ、怒ったとき、こんなに負けてる！」という子どもの気づきにつながることもある。このような前提があって初めて、子どもは冷静になったほうが勝てるということを知ることができ、自分の怒りという感情やそれへの対処行動を知るといった心理教育の意味を感じることができる。

　また、「ゲームばかりしているせいで、友だちがいなくなるのではないか」という親の不安を丁寧に扱うことも大切である。支援者は、そのような不安は親として当たり前の気持ちであることに共感しつつ、目の前の子どもが語ったゲームのなかでの体験やゲーム仲間とのやりとりから得られる子どもにとっての「オンラインゲームの世界の意味」を、親に伝えていく必要があるだろう。そのような目的で、診察のなかで子ども自身に、自分が遊んでいるゲームのよいところや楽しいところを三つほど、親に対して語ってもらうこともある。子どもはたいてい自分の大好きな世界のことを楽しそうに語るのだが、「いつもけんかしてばかりだから、久しぶりに私に楽しそうに話をしてくれました」などと涙ながらに話す親もいる。このように日常では意識されにくい子どもへのポジティブな思いを感じることも、ゲームをめぐる親子の対立を緩和していくことにつながるものと思われる。

［事例］ゲームにのめり込んで学校に行かないレン君

レン君、初診時一一歳、男性。両親、祖父母との五人暮らし。主訴は「学校に行かない」(両親)。

受診までの経緯

乳児期の運動発達に遅れはなかった。始歩は一歳であり、その後はよく動く子どもだった。共同注意の発達にも遅れはみられなかった。三歳児健診の際には、すぐに飽きて、勝手に部屋のなかを歩き回り、机から飛び降りて遊ぶ姿が認められた。年少より保育園に入園したが、やりたくない活動から脱走することが目立ち、園の外にも出ていってしまうことがあった。年長になっても順番を待つことやルールのある遊びは苦手で、友だちとトラブルになることも多かった。

小学校入学後は通学時に道路にはみ出して歩くことが多く、それを制すると怒り出すため、通学班の班長とトラブルになることが目立っていた。授業中に立ち歩くことはないが、つねに体のどこかが動いており、姿勢も崩れやすく、しばしば床に寝そべってしまっていた。忘れ物は人一倍多く、テストでもケアレスミスが目立った。勉強は好きではなく、家で宿題をすることもなかった。小学四年ごろからは授業がわからなくなり、先生が授業の準備を促してもまったく動こうとせず、テストも白紙で提出するようになった。それでも、レン君は「学校は好きだよ」「友だちもいるし」と話していた。

五年生になったある日の休み時間に、ふざけて友だちにぶつかり、友だちが怪我をしたことがあった。レン君は必死に謝ったが、友だちには受け入れられず、クラスで無視をされるようになった。しばらくしてレン君は「謝っても許してもらえない」「学校はつまらない」「友だちもいないし」と学校を休むようになった。両親はなんとか学校に行かせようと必死になったが、車に乗せて連れていこうとすると暴れて、車外に飛び出し、車に轢かれそうになったこともあり、両親はしだいに「無理はしなくていい」と思うようになった。

六年生になったレン君は学校に行かず、ゲーム内で知り合った友だちとボイスチャットをしながらＦＰＳにのめり込むようになった。負けると昼夜を問わず大声を上げて、コントローラーを投げることもしばしばだったため、担任から「ゲームがやめられないから、学校に行けないのでは？」と言われることもあった。母親がこの状況を親の会で知り合った支援者に相談すると、「ゲームは依存になる。いったん距離をとることと約束ごとが必要」と言われたため、母親はレン君とゲームの終わりの時間について約束を決めようとしたが、なかなかうまくいかず、けんかも多くなった。母親が父親に相談すると、父親は「おまえが甘くするからこうなるんだ。言うことを聞かせられないほうが悪い」と怒鳴り、レン君からゲーム機を取り上げた。レン君は怒りながらもその日はそのまま寝たが、その後は毎晩両親に向かって「ゲームを返せ」と声を荒げて、暴れるようになった。「暴れるようになったのは自分のせい」と母親は自分を責め、父親とも話さなくなった。このような状況に疲れ切った両親に伴われて、レン君は診察室にやってきた。

初診時の様子

少しふてくされた顔をしている。「今日は来たくないのに、連れてこられたのかな？」と問うと静かにうなずく。話したくないことは話さなくてもいいことなどを伝えたうえで、「どうしてレン君とお父さんお母さんがけんかになってしまったのか、レン君の気持ちを聞きたいのだけど、いいかな」と尋ねると、「うん」とうなずく。彼が両親の前で語ったところによると、「一方的に決められた約束は守りたくない」「せっかく友だちができたのに、話すこともできない」ということであった。

筆者は両親に「一方的な約束は、守るほうもそうだが、守らせるほうも大変であること」を伝えたうえで、「本人にとってゲームの世界が居場所になりつつあること」「せっかくできた友だちとのつながりを失ってしまうリスクがあること」などを話した。両親から「ゲームの友だちと遊んでばかりでいいのでしょうか？」と尋ねられたので、「ゲームの世界も現実の世界も、友だち関係に変わりはないこと」「そのなかで子どもは試行錯誤しながら、自分にとって気の合う仲間を探していくこと」などを伝えた。レン君にも「せっかくできた友だちと話せなくなっちゃうのはつらいよね」と伝えたうえで、「先生はレン君とお父さんお母さんの仲が悪くなることも心配なんだ。どうしたらけんかが少なくなりそうか、一緒に考えたいと思うのだけど、これからここに通ってきてくれないかな？」と話し、了承を得た。そしてレン君は両親と診察室に通うこととなった。

その後の経過

その後、ゲーム機はレン君のもとに戻ったものの、ゲームに負けると大声を上げ、コントローラーを投げることは続いた。両親は、取り上げたい気持ちをなんとか抑えながら我慢している様子であった。筆者はレン君に「負けると悔しい＝悪いことではないこと」を伝えたうえで、「けれども、悔しいからってコントローラーを投げると壊れちゃって、余計に悔しいってことはないかな」と図を描きながら尋ねた。するとレン君は、「前にも壊れたことあるよ」「でもさ、先生、負けたら悔しいから勝つまでやりたいじゃん。それでもう一回やるじゃん。負けるじゃん。無限ループだよ」と語った。「あ、いいところに気がついたね。悔しいからってもう一試合やると負けること多くなるよね。先生もそうだよ。本当に無限ループ」「でも、一回画面から離れて、お茶を一口飲んで帰ってくるだけでも、少し悔しさが減って冷静になれるんだよ。それだけで勝率上がるよ。ちなみに画面から離れるのが大事なポイントだよ！」と伝えると、「まじ?」と言ぅので、「嘘だと思ぅでしょ? まじまじ!」と答えた。

また、毎回の診察では両親とも話し合う時間をもった。母親は「やっぱりああいぅゲームだから怒りっぽくなるのでしょうか。本当はやめてほしいですけど、やめられないですよね」と語った。母親に「ゲームをやめてどんなレン君になってほしいのですか?」と尋ねると、「前みたいに普通に話したりしたいだけです……。いつもけんかになるから、最近は声もかけられなくって」という。聞けば、最近は食事に呼んでも返事をしないことが多く、母親は一緒に食事をしたいと思っている様子であった。「普通に話してくれるだけで本当はうれしいんですね」と返すと、静かに涙を流した。筆者から「夕飯に誘ぅとき、気持ちよく返事をしてくれる場面に出会ったら、『うれしい』ことを伝えてみましょう。レン君がゲームに勝って気分がいいときが狙い目ですよ」と提案すると、母親は「それくらいならできそうです」と答えた。父親にも同様のことを尋ねると、父親は「他にも楽しいことがあることを教えてやりたい」と静かに語った。

その後の診察でも、レン君とは怒りの背景にある気持ちや、怒りが溢れそうになる前にとれそうな行動について繰り返し話し合い、両親とはゲームを取り上げたい気持ちの背景にある子どもへの思いについて話し合った。

数ヵ月後のある日の診察で、レン君は「先生、俺、最近怒ってないし、コントローラーも投げてないよ」と話し始めた。「どうしたの!?」と尋ねると、「だって、けっこう勝てるようになったもん」「友だちからも、最近うまくなったって言われるし」「このあいだは友だちから誕生日を祝ってもらった」と語った。母親も「最近はあんまり怒らなくなりました。そういえば、けっこう挨拶も返してくれるし、このあいだ家族で久しぶりに外食も行けたんです」と話した。「それは美味しかったでしょうね」と答えると、レン君も両親もうれしそうに笑っていた。

中学生になったレン君は、ゲーム友だちの影響を受けて適応指導教室に週に三回通っている。そこでは同じゲームで遊ぶ友だちもでき、今度家族ぐるみでバーベキューをするそうだ。

ゲームをめぐって親子が対立するとき

レン君は背景にＡＤＨＤ（注意欠如・多動症。第12章でくわしく述べる）を有する子どもである。ＡＤＨＤの子どもは不注意、多動・衝動性という特性があり、我慢も苦手であるため、ゲームがなかなかやめられないことも多い。そして、ＡＤＨＤの子どもに限らず、子どもの大好きなゲームを大人が取り上げようとすると、怒って暴れてしまうことはしばしばある。

そんなとき、レン君の担任のように「ゲームがやめられない」という「子どもの問題」としてしまう大人も、父親のように「甘やかしている」「言い聞かせられないほうが悪い」と「大人の問題」にしてしまう大人もいるし、支援者のように「ゲームは依存になる」と「ゲームの問題」にしてしまう大人もいる。このようにゲームをめぐる親子の対立は、それぞれの大人の立場によって単純に捉えられがちであるが、そのために大人同士の対立や子どもとの対立が深くなってしまうことがある。ゲームをめぐる親子の対立が深くなったとき、私たちのような支援者は単純に一つの問題に帰属させるのではなく、「どうして子どもはゲームの世界を必要としているのか」「どうして大人はゲームを取り上げたいのか」といった、それぞれの行動の背景にある気持ちを丁寧に扱う必要がある。

レン君は勉強はあまり得意でなく、友だち関係もうまくいかなくなり、不登校に至っている。不登校が続き、家庭での日常的な会話も少なくなっていくなか、ゲームの世界はレン君にとって唯一の居場所であったと想像される。そのようななかで父親が試みた「ゲームを取り上げる」という行為は、「せっかく友だちができたのに、話すこともできない」とレン君が語ったように、唯一の大切な居場所を取り上げることに等しかったのかもしれない。

だからといって、ゲームを取り上げた大人を責めることは慎むべきであろう。レン君の母親のように取り上げた側の大人も、これでよかったのかと悩み、自分を責めていることも多いからである。そして、大人の「取り上げ」の背景には、現実にも「楽しいことがあることを教えてやりたい」という思いや、「前みたいに普通に話したりしたい」という思いが横たわっていることがしばしばある。しかしこのような思いは、「ゲームを取り上げなくては」という気持ちの裏に隠れてなかなか気づかれにくいものである。

そう考えると、支援者の役割は「ゲームは子どもの居場所だから守られるべき」と伝えることでも、「取り上げても意味がない」「待ちましょう」と伝えることでもなく、ましてや「ゲームはよくない」「このままではダメです、取り上げましょう」と伝えることでもないだろう。

子どもや両親への丁寧なかかわりを通じて、その世界の意味を考えてもらうことや、ゲームを取り上げて子どもとどんな生活がしたいか両親に考えてもらい、それに合わせた「今、できそうな」支援策を試していくこと、今は対立が多くなってしまっている自分の子どもへのポジティブな心情を思い出してもらうことなどを通じて、親子の対立を和らげることだろう。そして子どもには、ゲームだけでなく、家庭のなかにも、外にも、どの世界にも、まだ知らないだけで意外と楽しいことがあると気づいてもらうことも大切になる。そのようなかかわりを通じて、レン君と両親が当たり前の外食やバーベキューを楽しむ時間を取り戻せたように。

＊1　エイム：狙いを合わせること。ここでは狙いを合わせる能力の意味で用いられている。

＊2　ＦＰＳ：一人称視点のシューティングゲーム。ＭＯＢＡ：三対三や五対五に分かれ、お互いの拠点を取り合っていくゲーム。

第6章 朝、起きられない子どもたち

また今日も夜が来た。眠らなくちゃ。眠らなくちゃ。眠らなくちゃ。明日こそは起きなくちゃ。僕は学校に行けないわけじゃないんだから。

不登校と睡眠

第5章でも述べたように、不登校とは、児童生徒が学校を長期に休み、それをめぐって何らかの悩みや葛藤が生じている状況の総称であり、学校という場に内在している何かとのかかわりにおいて登校ができず、そこに悩みが生じている状況をいう[1]。令和四（二〇二二）年度の文部科学省の調査では、小学校で一〇万五一一二人、中学校で一九万九九三六人が不登校の状況にあり、その要因としては「無気力・不安」（五一・八％）、「生活リズムの乱れ、あそび、非行」

（一一・四％）、「いじめを除く友人関係をめぐる問題」（九・二％）、「親子の関わり方」（七・四％）の順に多いとされている。[2] また日本財団による中学生を対象とした調査によれば、一年間に三〇日以上学校を休んだことがある／休んでいる中学生の学校に行きたくない理由として最も多いのは「朝、起きられない」（五九・五％）であり、[3] 不登校の状況にある生徒の多くが「朝、起きられない」と思っていることが示唆される。

「朝、起きられない」から不登校に至るのか、不登校により「朝、起きられない」のかについてはどちらが先とも言いがたいが、この背景には概日リズム睡眠‐覚醒障害があり、不登校に併存する概日リズム睡眠‐覚醒障害においては、不登校当初は起きる時間が遅くなる睡眠相後退型が多く、不登校の状況が長く続くと、毎日の睡眠相や睡眠時間が不規則になる不規則睡眠‐覚醒型となるという指摘もある。[4]

概日リズムとは約二四時間周期で繰り返される生体リズムであり、視床下部の視交叉上核（ＳＣＮ）にある概日時計でコントロールされている。人間の概日時計の周期は通常二四時間より少し長いが、普段は朝の日の光が概日時計に作用し、概日リズムを二四時間周期に同調させている。[5] 睡眠‐覚醒リズムも概日リズムに従っており、通常は決まった時間に眠り、決まった時間に起きるようになっている。

概日リズム睡眠‐覚醒障害とは、体内の生物時計の機能障害により、自身の睡眠‐覚醒リズムと社会生活に適した睡眠‐覚醒リズムとが慢性的にずれてしまっている状態であり、睡眠‐覚醒リズムが遅れてしまった睡眠相後退型、早くなってしまった睡眠相前進型、リズムが不規則になってしまった不規則睡眠‐覚醒型、内因性概日リズムの異常な同期である非二四時間睡眠‐覚醒型のサブタイプが知られている。治療としては生活指導（朝の光を浴び可能なら戸外に出る、夜は明るい光を浴びない、など）を行ったうえで、必要があれば高照度光治療や薬物治療が検討される[6]。生活指導が重要視されることから治療動機が大切になるが、睡眠障害国際分類第三版[7]においては、そのような動機が少ないMotivated delayed sleep-wake phase disorder の記載があり、睡眠相後退型に不登校を伴う場合はこの点に留意が必要であろう。

通常、朝の光は自身の生物時計を早め、夜の光は生物時計を遅らせる[8]ため、朝の光を浴びられない不登校においては睡眠‐覚醒リズムは遅れやすいといえるだろう。しかし、実際の不登校臨床においては「朝、起きられる」ことと「学校に行く」ことは必ずしも同義ではなく、子どもが「朝、起きられない」背景を考えていく必要がある。

不登校の経過

不登校はその定義上、多くのものを含んでおり、単純な類型化をすべきではないかもしれないが、その経過についてはいくつかの共通項があることが知られており、「朝、起きられない」などの生活リズムの乱れもその一つである。

不登校は当初、学校内での何らかのうまくいかなさや居場所のなさなどを背景に、腹痛や嘔気、頭痛などの身体症状を訴えることで始まることが多い。医療機関を受診するも、はっきりとした身体的所見が得られず、「ストレスがあるのでは？」と曖昧な説明がなされることもある。登校時間帯に体調を崩すことが多いため、学校には行きづらくなるが、その原因やはっきりとした理由が学校の内外に見つからないことも多く、保護者は焦りを募らせ、「やる気が足りないのでは？」と子どもを責めてしまいがちになる。子どもも「行けない自分はダメだ」と自分を責め、朝、布団を固くかぶるようになり、しだいに起きづらくなる。無理に学校に連れていこうとすると暴れてしまうこともあるため、保護者も悩み、自分を責め、登校の督促はしだいに小さく、少なくなっていく。

さらに不登校の状況が続くと、寝る時間も遅くなり、昼夜逆転の状態になるが、学校のことを持ち出さない限りは、身体症状の訴えや激しい攻撃性は減り、比較的穏やかな日常が流れる。このような時期を経て、やがて多くの子どもたちは家庭内で家族と日常的な会話などをするようになり、家庭内に居場所を見つけ、オンラインであれ、オフライン（適応指導教室やフリースクール）であれ自分を肯定的に認めてくれる他者と出会い、その影響を受けながら、少しずつ心理的な居場所を広げ、社会と再会していく。上記は古典的ともいえる不登校の経過の一例であるが、このように多くの不登校の経過で睡眠‐覚醒リズムの乱れは認められる。

不登校の経過の分類に関しては、高木による心気症的時期（登校前に身体のあちこちに不調を訴える時期）、攻撃的時期（葛藤が強くなり、不安と自責の念も強まり、それを攻撃という形で表す時期）、自閉的時期（親やきょうだいとの接触も回避する時期）の三期分類[9]や、齊藤による不登校準備段階、不登校開始段階（激しい葛藤の顕在化による不安定さが際立つ段階）、ひきこもり段階、社会との再会段階の四段階の分類[10]などが知られており、その背景には「学校に行きたいけど、行けない」という葛藤がみてとれる。しかし、不登校そのものが一般化し、家庭内で許容されやすくなった現代においては家庭内暴力が著しいケースに出会うことは減っており、上記の分類における攻撃的時期や不登校開始段階は目立たなくなっている。一方、家庭内では穏やかに過ごすものの、「学校は嫌いじゃないけど、朝、起きられない」と語り、学校そのものの葛藤についてはあまり語ることのない不登校の事例も多い。

［事例］「朝、起きられない」から学校に行けないと訴えたライム君

ライム君、初診時一三歳、男性。両親、兄との四人暮らし。主訴は「朝、起きられない」（本人）。

受診までの経緯

発達歴に特記事項は認めない。小学五年時、隣の席の子が話しかけてきて授業に集中できないことが気になり、登校しぶりがあったが、友だちの訪問などにより登校できていた。小学六年時に児童会の会長になり、まじめに役職をこなしていたが、学校行事の大仕事が終わったこ

ろから、朝になると頭痛・腹痛を生じ、登校できなくなった。中学入学当初一〇日間は学校に通ったが、しだいに朝起きられず、登校できなくなったため、中学一年の一月、両親とともに当院を受診した。

初診時の様子

ライム君は、「二二時には眠ろうとするけど、実際に眠るのは一時くらい。この三時間がつらい。眠ることばかり考えている。起きるのは毎日一〇時くらい」と話した。昼間は「みんなが勉強している時間だから、ゲームはしない。僕は眠れなくて、起きられないだけだから」と、読書などをして過ごしていた。適応指導教室や相談室に関しては「みんなと過ごせることが大事なので、教室に行きたい。だから、眠れるようになりたいだけです」と話した。学校については、「友だち関係もいいし、行けない理由はないです。眠れないだけです」と語った。

母親は、「頑張ろうとしているけど、眠れなくて、朝起きられないから、学校に行きたいのに行けないんです。日中の機嫌も穏やかです」と語った。治療者との関係性を築く観点から、当初は学校に行く・行かないなどの話題は積極的に取り扱わず、本人の主訴に応じて睡眠に関する心理教育を行い、睡眠の記録をとってもらうこととした。また、「眠ることばかり考えていると疲れてしまう」ことを伝え、「眠れないときにする楽しいこと」や「日中の楽しい過ごし方」を一緒に考えた。

その後の経過

　しかし、その後も睡眠相は後退が続き、二月の睡眠の記録では三時に眠り、一二時に起きるリズムとなっていた。ライム君は診察では「学校に行けないわけじゃない。眠れないから追い詰められた気分になる」と何度も語った。筆者は「眠れないことをいつも考えることはとてもつらいね」と返し、「眠れない時間は好きな漫画を読んでみる」ことと「午前中、明るいリビングで読書をする」ことをライム君と一緒に考え、次回まで試してもらうこととした。また、ライム君と母親に、「眠れるようになり、朝起きられるようになっても、学校に行きづらいことはあり得る」と伝えたうえで、薬物治療としてラメルテオンを開始した。

　二年生になった四月には睡眠-覚醒リズムは改善したものの、五月の診察では「自分がわからなくなってきた」「眠れるようになったけど、朝七時から学校のことを考えるようになった」「前は考えなくてよかったのに」と泣きながら語った。「何がわからなくなっちゃったの？」と問うと、「自分はなんで学校行けないんだろうって。眠れないからじゃなかった。朝、目が覚めて、本を読んでいても、自分が行けない今日のことを考えるのがつらい」と話した。「そういう気持ちが出てきてしまったんだね」「学校に行けないのはライム君のせいじゃないよ。それに、学校に行けないことには、はっきりとした理由がないこともたくさんあるんだよ」と伝えると、ライム君は少し驚いていた。「理由探しをするとよりいっそう疲れてしまう」ことをライム君、母親と確認し、日中できそうなことを改めて一緒に考え、今まで控えていた好きな小説を書いたり、ゲームをしたりして過ごすこととした。母親には「学校に行けない理由を探すことよりも、家庭内の居心地がよくなることが大事」であると伝え、日曜日の日中と同じように接していただくことをお願いした。

八月の面接では、「僕は学校の人と話すとき、自分じゃないというか、ちょっと偽った自分で話していたと思う」「昼間にゲームはしないとか、家でもそう」と述べ、九月には「本当は学校の嫌なこともある。みんなが学級委員の話を聞かないこと」「僕じゃないけど、誰か頑張っている人をバカにすること」と語り、「そう思うと、僕は人の目を気にして疲れていたなーと思う。もちろん行きたい気持ちも少しはあるけど、不安だし、怖い」と語った。

これ以降、睡眠に関する訴えはなくなり、面接では日中遊んでいるゲームのことを楽しそうに語ったり、自分自身の未来像について語ったりすることが多くなった。現在も登校はしていないが、学校の友だちと夕方にオンラインでゲームを通じて楽しく会話をし、そこで誘われた学習塾に通い、友だちや塾の先生と交流している。

わかりやすい理由としての「朝、起きられない」

ライム君は「朝、起きられない」ことを主訴に受診し、当初は「学校に行けないのではなく、眠れない」ことを何度も訴え、眠ることばかりを考えて過ごす日々を送っていた。睡眠に関する心理教育、生活指導や薬物治療などを行い、眠れるようになり「朝、起きられない」ことはなくなったものの、学校に行けない理由が「朝、起きられない」ことではなかったと葛藤するようになる。そのような語りを支持的に傾聴し、理由がなくても学校に行けないこともあると伝え、母親にも家庭内での居心地を大事にすることをお願いしてからは、しだいに「人の目を気にして疲れていた」ことを語り、学校に行きづらい自分自身を少しずつ見つめるようになっていった。

ライム君が「ちょっと偽った自分」と語る「偽り」には、学校で疲れていたことや家庭内でのあるべき姿にとらわれていたことも含まれるのであろう。学校に行くことが当たり前だと思っている真面目なライム君にとって、そんな葛藤は偽りなく「つらい」ことは言うまでもない。そんなときの治療者や周りの大人の役割は、「眠れるようになったから学校に行けるはず」と伝えることでも、ましてや「眠れないのではなく、学校に行きづらいんだよ」と迫ることでもない。そのような「つらさ」につながる生々しい気持ちや考えを受け止めつつ、子どもの話に真剣に耳を傾け、家庭内での居場所を保証することである。

なぜ、不登校の子どもは「朝、起きられない」のか？

ライム君のような事例でなくとも、たとえば「夜間ずっとオンラインゲームをして、朝、起きられない」不登校の子どもに出会うと、オンラインゲームに没頭しているせいで学校に行けなくなっていると大人は思いがちである。しかし、このような事例で最初に考えなくてはならないのは、子どもは何らかの苦しさから回避的にオンラインゲームをしているかもしれないということであろう。

眠るとやがて朝がやってくるのは自明のことではあるが、「朝、目が覚めて、学校に行けない今日のことを考えるのがつらい」とライム君が語るように、不登校の状況にある子どもにとっては、息苦しく、生き苦しく、行き苦しい学校やそれにかかわることを考えなくてはならない朝がやってくるのである。そのような子どもにとっての深夜のオンラインゲームは、当初は決して楽しいものではなく、むしろ「つらい」気持ちからの回避手段の一つである。そんな本人の気持ちを保護者や支援者が受け止めつつ、子ども自身に関心を向けていくことで、初めてオンラインゲームの世界は家でも学校でもないサードプレイスとなり、本当に楽しめるこころの居場所になっていく。そのなかには社会があり、そこで自分自身を肯定的に認めてくれる他者と出会うことで、子どもたちはこころの居場所を広げ、やがてリアルの居場所を広げていく。そういった意味では、不登校の支援においては、どこに行くかよりも、オンラインであれオフラインであれ、誰と出会うかのほうが大切であろう。

子どもが「朝、起きられない」ため学校に行けないと訴えるとき、私たちはわかりやすい理由にとらわれすぎることなく、その背景を子どもや保護者とともに考え、子どものこころの居場所を保障していく必要があるだろう。

第7章 SNSやネットでのいじめに思い悩む子どもたち

いつものようにＳＮＳで友だちの他愛もない日常を眺める。ふと自分の名前が目に留まる。先週一緒に買い物に出かけた友だちが、「あいつちょっと最近うざい」とつぶやき、そこに何人かが同意するようなコメントを返している。「私、なんかしたっけ？」という思いと「気にしすぎかも……」という思いが交錯する。頭が真っ白になる。怖くなって「閉じなきゃ」と思っても、そこから目が離せない自分がいる。

現代におけるいじめ

いじめ防止対策推進法によると、「いじめ」とは、「児童等に対して、当該児童等が在籍する学校に在籍している等当該児童等と一定の人的関係のある他の児童等が行う心理的又は物理的な影響を与える行為（インターネットを通じて行われるものを含む。）であって、当該行為の対象となった児童等が心身の苦痛を感じているもの」とされている。この定義には、①児童生徒の間で起こる、②心理的または物理的な影響を与える、③された側が心身の苦痛を感じている、といった基準が含まれており、非常に広い範囲を指すものとなっている。

令和四（二〇二二）年度の「児童生徒の問題行動・不登校等生徒指導上の諸課題に関する調査結果」によれば、小・中・高等学校および特別支援学校におけるいじめの認知件数は六八万一九四八件であり、これまでで最も多い数字となっている。[1] しかし、この数字はあくまで認知されたいじめの件数であり、実際に発生した件数ではない。したがって、ここには挙げられていないものの、子どもたちが周囲に相談できていないいじめや、大人に気づかれていないいじめも数多く存在することが想像される。

いじめの被害にあうことはＰＴＳＤ（心的外傷後ストレス症）の潜在的リスク因子になることも知られており、海外のいじめに関する調査では、男子の二七・六％、女子の四〇・五％にそのようなリスクが認められたとされている。[2] その他にも、長期的な影響として不安、抑うつ、否定的評価に対する恐れ、孤独感と関連することや、[3] 将来の学校での不適応感や友人に対する不安と関連すること、[4] その後の不登校や自殺念慮[5]など、長期にわたる子どものウェルビーイングへの影響が示唆されている。

現代のいじめは、かつてのように、「いじめっ子」やその取り巻き」と「いじめられっ子」というヒエラルキーのなかに現れるものではなく、同質性の高い集団における相互作用として誰もが対象になり得るものであり、集団のメンバーが「自分もいじめられるかもしれない」といった不安から、いじめに加担してしまうこともしばしばある。また、かつてのように「いじめっ子」と「いじめられっ子」という対立図式がないため、最近のいじめは一度始まったら決着がつくことなく、いじめられている子どもにとっていつ終わるともしれないものとなっている。

いじめは自分の属するグループのなかで起こることも少なくない。その場合、いじめられている子どもは「もとのように友だちのグループに戻りたい」と思っていることが多く、大人がよく言う「そのグループと距離をとったら？」という言葉は本質的に意味をなさない。思春期を迎えつつある子どもにとって、友だちとのつながりを失うことは大きな居場所を一つ失うことになりかねず、いじめられている子どもは、被害を悪化させずに、そのグループにおける自分の立ち位置をなんとかもう一度確保しようとするため、外部への相談をためらうことも多い。前述の調査では、学校で認知されたいじめについて、「誰にも相談していない」のは四・五％とされているが、[1] 東京都教育研修センターの調査では、いじめられた経験のある中高生のおよそ五〇％がいじめについて相談せず、その多くが、被害が悪化することに不安を感じて相談しないことが報告されており、[6] この数字のほうが私たちの実感に近いだろう。こうした友だちグループ内で起こるいじめは、外からはグループ内でのいざこざに見えてしまい、いじめが起こっていることに気づかれにくい。このように現代のいじめは周囲から見えにくく、大人への相談しにくさを子どもたちは感じているのだ。言い換えれば、私たち大人は子どもたちに対して「いじめは解決できる問題である」というイメージを届けられていないのだろう。

SNSやネットにおけるいじめ

前述のいじめの定義には、いじめの内容は含まれていないが、実際のいじめの内容は多岐にわたる。小学生や中学生においては、「冷やかしやからかい、悪口や脅し文句、嫌なことを言われる」が最も多く、「軽くぶつかられたり、遊ぶふりをして叩かれたり、蹴られたりする」が二番目に多い[1]。高校生の年代では、「冷やかしやからかい、悪口や脅し文句、嫌なことを言われる」が最も多いことに変わりはないが、「パソコンや携帯電話で、ひぼう・中傷や嫌なことをされる」が二番目に多くなっており[1]、ライフサイクルにおける人間関係や子どもを取り巻く環境の変化とともにＳＮＳやネットにおけるいじめの割合が増えることが示唆される。

別の調査では、高校生の八・四％がネットを通じたいじめ被害にあっており、中学時代に四・七％、高校時代に五・二％の子どもがネットを通じたいじめ被害を経験していることや、中学生の一六・二％にネットを通じたいじめ被害の経験があることが報告されている[7]。一方、小学生ではＳＮＳやネットにおけるいじめはそれほど多くは認められないが、これらの結果には年齢とともに変化するスマホの利用率が関係しているかもしれない。

現代の子どもの多くは、スマホを通じてＳＮＳやネットにアクセスしている。令和四年度の「青少年のインターネット利用環境実態調査」によれば、小学生の六四・〇％、中学生の九一・〇％、高校生の九八・九％が自分専用のスマホを所有している。[8]中高生になると自分のスマホからＬＩＮＥなどで周囲と連絡をとるようになり、学校や部活などの友だちとのつながりを強めていくことになる。ＳＮＳやネットのいじめは、これら現実のつながりのなかで起こることが多く、その加害者の多くはクラスメート、同じ部活の生徒など被害者と一定の人間関係にある者である。そして、「匿名のＳＮＳで悪口を投稿する」ことに関して、加害者が特定できないということはほとんどない。[9]

ＳＮＳやネットにおけるいじめは中等度から重度の抑うつ、物質使用、自殺念慮や自殺未遂につながる心理的影響を被害者に与えることが示唆されている。[10]ＳＮＳやネットにおけるいじめも、他のいじめと同様に、同質性の高い友だちグループ内で起こることが多い。いじめられた子どもの相談相手は家族や親戚が六・二％、先生が一・五％、友だちが六・〇％とされているが、相談しない者も七・三％認められることから、ＳＮＳやネットにおけるいじめでも他のいじめと同様、相談のしにくさがあるといえるだろう。また、ＳＮＳなどの空間は周囲の大人から物理的に見えにくく、その見えにくさ（認知のしにくさ）は教室内でのいじめ以上かもしれない。

いじめについては、ＳＯＳを出しやすくする環境を整えることが大切なのは言うまでもないが、ＳＮＳやネットにおけるいじめに関する相談のしにくさは、相談を受けた大人側の問題も考えられる。ＳＮＳやネットにおけるいじめでは、現実の友だちグループ内でのいじめ以上に、大人が「ＳＮＳから離れればいい」「ＳＮＳを見なければいい」と簡単に言ってしまいがちであるからだ。ＳＮＳは、周囲の大人には現実から隔絶された別世界のように見えるかもしれないが、いじめを受けている子どもにとっては、現実とつながった、クラスメートなどとの人間関係のある空間である。まったく知らない誰かから攻撃されたのであれば、少しＳＮＳから離れたり、そっとミュートしたりすることもできるかもしれないが、自分とつながりのあるグループだからこそ、離れるのが難しく、なんとか自分の立ち位置を取り戻したいという葛藤を抱えてしまっているのである。このような場合に「ＳＮＳから離れたほうがいい」「ＳＮＳをやめたほうがいい」などというアドバイスは少しも役に立たないどころか、「相談してもわかってくれない」という子どもの気持ちを強めてしまうことになる。

巷にはＳＮＳいじめ、ネットいじめという言葉が溢れているが、私たちはそろそろこうした言葉を使うのをやめるべきではないだろうか？「教室いじめ」「体育館裏いじめ」「通学班いじめ」などという言葉は誰も使わないだろう。ＳＮＳやネットにおけるいじめは、その行為がＳＮＳやネット空間で起こっているというだけであり、行われていることは、現実の人間関係におけるいじめなのである。

〔事例〕いじめを受けクラスで孤立してしまったカホさん

カホさん、初診時一二歳、女性。両親、兄との四人暮らし。主訴は「学校に行くと人の目が気になる」（本人）。

受診までの経緯

乳児期の運動発達に遅れはなかった。言語発達などの遅れもなく、保育園に入園後はよく友だちと遊んでいた。ままごとが好きで、お母さん役になることを好んだ。運動会や発表会では家族が見にきてくれることを喜び、いつも楽しそうにしていた。作品づくりなどにおける手先の不器用さなどの指摘もなく、絵は得意だった。小学校入学後の成績は問題なく、明るい子どもで友だちも多かった。

小学四年時より、地域でダンスを習っている子どもたちと一緒に、ダンスを始めた。クラスの同級生であるリナさんも同じダンスチームに所属していた。練習は人一倍熱心であり、地域の大会で活躍することも多かった。小学六年ごろから「踊るのが好き」で「友だちに見てもらいたい」と考え、ＳＮＳに練習や大会の動画をアップすることを始めた。それほど再生数は伸びなかったものの、クラスの友だちから「見たよ」「格好よかった」と言われるとうれしかったという。家庭ではダンスを踊ったり、好きなアニメを見たりすることが多かったが、「アニメを見るってキャラじゃないし」という理由からアニメ好きであることは公言していなかった。
地元の中学校に入学した後もダンスは続けていた。クラスメートのナオさんが偶然にも同じアニメのキャラを推していることを知り、仲良くなった。学校ではナオさんと過ごす時間が増え、二人で推しの話で盛り上がっていた。リナさんとはダンスの折に仲良くしていたが、少しずつ「ダンスよりもアニメの話をしているほうが楽しくなった」ため、いつの間にかダンスの動画の投稿などはしなくなっていた。

中学一年の秋、匿名のＳＮＳ内に所属中学の生徒を名乗るアカウントが開設され、「ダンスうまいからって調子に乗っている」といったリナさんの悪口を、カホさんを思わせる特徴的な口調でつぶやくとともに、リナさんのクラスメートや担任教師の悪口をつぶやいた。クラス内でもこのことは話題になり、「誰が投稿したんだろう」と騒ぎになった。リナさんの悪口が多かったことやその口調から、カホさんがアカウントの「中の人」ではないかと疑われることとなり、クラス内で孤立するとともに、先生からも事情を聞かれた。それ以後、クラス内の視線が気になるようになり、学校やダンスにも行けなくなったため、心配した両親とともに筆者の外来を受診した。

初診時の様子

「学校には行きたいけど行けない」「（そのアカウントは）私みたいな口調でクラスの悪口や友だちの悪口を言っている。アカウントはすでに消されているけどスクショが残っている」「私じゃないのに」『『みんなが私を疑っている』ってリナも言ってた。『信じてる』って言ってくれたけど……」「学校に行くのが怖い」と涙を流す。「私が誰かに何かしたのかな？」「親は少しでも学校に行けたら行ってほしいって言うけど、怖くて行けないし、先生も怖い」という。「誰かに自分のような口調で友だちの悪口をつぶやかれ、自分が疑われたら、周りの目が気になったり、学校に行くことが怖くなったりするのは無理もないことだよ。とても怖かったね」「今、学校に行かなくちゃと思っていることはよくわかるけど、そんな怖い気持ちのまま学校に行ったらこころの健康がダメになっちゃうよ。だから、次来るまでのあいだ、学校は休んでほしいと思う」と本人に伝えるとともに、両親にも「今は無理をしないで、家庭という居場所を大事に過ごしてほしいこと」「このようなことがあると、両親が動揺するのは当たり前であること」「だからこそ、カホさんのために穏やかで安心した雰囲気を家庭でつくってほしいこと」を伝えた。

その後の経過

カホさんが学校を休み始めてしばらくすると、同じような匿名のアカウントが再び以前と似た投稿を始めたことがクラスのＬＩＮＥグループで話題になった。誰も直接は口に出さないが「自分が疑われている」と思ったカホさんはますます学校に行くのが怖くなり、診察では「クラスのみんなが私を嫌っている」と語った。「ナオさんはどうなのかな？」と聞くと、ナオさんはクラスのＬＩＮＥではほとんど発言しないが「よくＬＩＮＥをくれる」といい、その内容も「今日は寒い」「昨日の（アニメの）七話見た？　まじでよかった」など他愛もないもので、「返しやすいし、その時間はちょっと楽しい」という。「ナオさんはカホさんのことを好きだし、気にかけてくれているんだね」と返すと、「そうかもしれない」と笑顔がみられる。

一〇月を最後に匿名アカウントによるＳＮＳでの投稿はみられなくなったが、その後もカホさんは学校に行けず、家庭ではあまり元気のない日々が続いていた。

一一月には、ナオさんに誘われてアニメショップに遊びにいくことができた。診察では「ナオは前と全然変わらない」から「私も変わらなくっていいんだと思えた」と語り、「そういう友だちは本当に大事な友だちだね」と返すとカホさんはうれしそうに笑っていた。

一二月の診察では、「先生、私、誰がなりすましていたかわかっちゃったんです。たぶん……リナだと思うんです。ダンスのこととかたくさん書いてあったし」「でも、リナとは仲もよかったし、親同士も仲がいいから親にもまだ言っていないというか、言えない。もう付き合いもほとんどないけど……」と語った。「とても大切な話だから親御さんには伝えたほうがいいと先生は思うけど、親御さんも感情的になってしまう話かもしれないから、先生から伝えてもいいかな？」と尋ね、同意を得たうえで筆者から両親に伝えた。すると両親は、「そうなのかもしれません。けど、それを学校や、リナちゃんの親に伝えて事がよくなるようにも思えません。それよりも私たちは家で安心してカホが笑ってくれることのほうが大事です」と、カホさんの前ではっきりと語った。このころから、カホさんは家庭でも両親とよく話すようになり、視線が怖くて行けていなかったダンスもやめることに決めた。休日にナオさんが家に遊びにくることも多くなり、二月には二人で推しのキャラの誕生日会を開き、おおいに盛り上がった。
中学二年になり、クラスのメンバーは大きく変わったが、学校の配慮もあり、ナオさんと同じクラスになった。ナオさんからの誘いもあり、「クラス（のメンバー）もほとんど変わったし、ナオもいるし、ちょっとだけ学校に行ってみよう」と思うようになったカホさんは、週に一度、昼休みに合わせて相談室に登校するようになった。診察では「最初は怖かったけど、行ってみたらちょっと楽しかった」「相談室の先生とナオと一緒に絵を描いたり、しゃべったりしている」と楽しそうに語った。

カホさんは現在も相談室への登校を続けている。そして、この冬もナオさんと推しの誕生日会をする予定だという。

「誰が書き込んだか」よりも傷ついた本人の安心を

いじめは大きく暴力系（殴る、蹴る、恐喝するなど）とコミュニケーション操作系（持ち物を隠す、相手が嫌うあだ名をつける、噂話を流す、無視するなど）に分けられる。ＳＮＳやネットにおけるいじめはコミュニケーション操作系のいじめの一つであり、書き込み型のものとメッセージ送信型のものに分けられる。[11] 書き込み型のいじめとはネット上に誹謗中傷などを書き込むことであり、かつてであれば2ちゃんねるなどの掲示板、現代であればＳＮＳ上に直接書き込むことで、個人の悪口を全世界や身近な友だちグループに知らせるものである。一方でメッセージ送信型のいじめは、ＬＩＮＥなどで嫌がらせのメッセージを送ったり、いじめの動画を拡散したり、メッセージを通じて誰かをいじめのターゲットにしたりするものである。その他にも本人の悪口を広めることでＬＩＮＥのグループから外したり、オンラインゲームの仲間から外したりするようないじめもあるだろう。

先の事例では、ＳＮＳ上に同級生の悪口をカホさんの口調をまねて書き込むことにより、カホさんが投稿したのではないかというクラス内の疑念を煽って、カホさんを孤立に追い込む形をとっており、どちらの要素も含まれるようなものとなっている。このようにＳＮＳやネットにおけるいじめはいわゆる炎上とは異なり、現実の人間関係の延長線上、子どもであれば学校の人間関係の延長線上にあることが多い。つまり、かつては実際に無視をする、本人には内緒で誰かを無視しようと手紙を回すといった形で行われていた現実の人間関係におけるいじめが、ＳＮＳやネットという空間で起こっているにすぎない。そして、結果としてクラス内での孤立が進めば、クラス内や学校内での居場所を失うことにつながり、カホさんのように「学校に行くのが怖い」と訴える子どもも少なくない。

しかし、ＳＮＳやネット上におけるいじめは、カホさんが「先生、私、誰がなりすましていたかわかっちゃったんです。たぶん……リナだと思うんです」と語ったように、いじめられた本人が気づくなどの形で、実際に誰が行ったか明らかになることのほうが多い。誰が行ったか明らかでない場合には、本人のためにも両親が事実関係の確認を求めることもあると思われるが、事実関係の確認よりも大切なのは本人の安心であるだろう。カホさんの両親が「それよりも私たちは家で安心してカホが笑ってくれることのほうが大事です」と本人の前ではっきりと語ったことで、カホさんは両親から守られていることを知り、それが家庭での大きな安心につながったものと考えられる。

また、クラス内で孤立が進んだ子どもは、カホさんのように「クラスのみんなが私を嫌っている」という思いや、「私が誰かに何かしたのかな？」と自分を責める思いを抱くこともある。そのような際に、家族であれ、現実の友だちであれ、ネッ友であれ、それまでと変わらない人間関係があることは、「みんなが嫌っているわけじゃない」という思いにつながり、本人を勇気づけてくれるだろう。そして、カホさんが「ナオは前と全然変わらない」から「私も変わらなくっていいんだと思えた」と語るように、自分を気にかけ、大切にしてくれる人間関係がそれまでと変わらずにあることは、それだけで、いじめられ傷ついた子どもへの「あなたは悪くない」「あなたはあなたのままでいて！」というメッセージになるのだろう。

コラム３

ＳＮＳやネットでのいじめに対して大人ができること

現代ではＳＮＳに対するリテラシー教育が求められており、そのなかでは、ＳＮＳにおけるいじめを予防するために、「誰かの悪口を書かない」などと、ＳＮＳでやってはいけないことを教えるようなプログラムが組まれることもある。しかし、このようなプログラムが本当にＳＮＳにおけるいじめを予防するかといえば、そうではないだろう。なぜなら、いじめをする側も、そうした行為が悪いことであるということは間違いなく知っているからである。

ＳＮＳやネットにおけるいじめに限らず、いじめは段階を経て少しずつエスカレートしていくため、早い段階で大人が気づき、介入していくことには大きな意味がある。したがって学校では、子どもたちに直接相談することを呼びかけるだけでなく、定期的なアンケート、匿名での手紙、ＬＩＮＥによる相談など、多様な相談窓口を案内しておく必要があるだろう。

いじめの相談を受けることがある児童精神科医として、筆者が学校の先生にお願いしたいことは、普段の教室において、子どもたちが、自分がその場所で大切にされている感覚をもてるようにかかわってほしいということである。学校の先生は、子どもの世界における大人のモデルの一つである。その先生が、多様性を尊重し、どの子どもも大切にし、どの子どもの他愛もない話にも耳を傾ける雰囲気をもっていることは、それだけでいじめを少なくするだろう。反対に、先生がクラスで人気のある子どもやよく目立つ子どもとばかり話していれば、自分を大切に思う気持ちが損なわれるおとなしい子どもも出てくるかもしれない。その子がいじめにあったとき、果たして、大人に相談してくれるだろうか？　その子は「自分の話なんて……」と思い、誰にも相談しないという選択をするかもしれない。誰のことも大切にするというポジティブな雰囲気が先生にある、そんな当たり前のことで、大人に相談しやすい雰囲気が生まれ、いじめを傍観する人は少なくなり、いじめ自体が減るだろうと考えられる。

また、学級におけるいじめの対処方針も、いじめが起きる前から明確にしておく必要がある。「なくそう、いじめ！」などの道徳授業をしたとしても、いじめはあまり少なくはならないだろう。むしろ、いじめがあった場合に大人（先生）は直接介入し、その行動を止めるということや、それによってどの子どももいじめから守られるという学級のルールを子どもたちに明確に伝え、実践していく必要があるだろう。

以上は、いじめが起きる前に大人ができることであるが、実際にいじめが起きてしまった際に、大人ができることは何があるだろうか。

ＳＮＳやネットにおけるいじめの場合、被害にあった子どもといじめをした子どもとのあいだで、先生を交えた話し合いをもったり、それによって仲直りさせたりするといった対応がなされることもある。これは一見公平な対応に思えるかもしれないが、いじめをする子どもに比べて、いじめられている子どもは現在の所属集団における発言力が弱いことが多い。そうした子どもが、自分をいじめている相手の目の前で、自分の感じているつらさや今後の不安について語ることは、控え目に言ってとても難しい。ときには「自分も調子に乗っていたところがあった」などと、いじめられても仕方がなかったと屈辱的にも本人に述べさせる雰囲気になることや、仲直りしたくないのに無理に仲直りさせられてしまうこともある。いじめられた子どもにとって、このような経験は、「大人に話しても無意味だった」という思いにつながるだろう。

　ＳＮＳやネットにおけるいじめは、周囲から見えにくいからこそ、本人からの相談で気づかれることも多いが、ＳＮＳであれ、ネットであれ、教室であれ、いじめに関する相談を大人にするのは子どもにとって本当に勇気がいることだ。そして、その時点でたいていの場合、子どもは所属する集団における自分の居場所を失いかけている。だからこそ、まずは、相談に来てくれた子どもの勇気を支持する必要がある。そのうえで、大人が話の腰を折らずに最後まで真剣に耳を傾け、子どもが語るいじめのつらさや学校生活における苦悩に共感していくことが大切になる。

　いじめが続くことで「もう私には居場所がない」と思ってしまった子どもが、死について考えてしまうこともしばしばある。そのような子どもが相談に訪れた際に、「自分のことを気にかけ、大切に思ってくれる人がここにいる」と感じてもらえるような態度を示すことは、一番はじめに大人ができることである。また、いじめられた子どもが

「自分にも悪いところがあったからいじめられた」「自分が変わらないといじめはなくならない」と考えていることもある。そのような際には、「変わるのは君じゃないよ。いじめた子がいじめという行為を変える必要があるんだ。君はもちろん悪くないし、当たり前だけど、いじめという行為が悪いことなんだよ」「君は君のままでいてほしい」というメッセージを伝え、味方であり続けることが大切だろう。

いじめにおいては、この最初の相談相手の役割を家族が担うことも多い。家族が子どもからいじめの相談を受けた場合には、こころ穏やかにはいられないだろう。その思いが怒りとなり、いじめをする子どもや学校に向かうこともあるが、まず考えてほしいのは、いじめのことを相談してくれた目の前のわが子に安心を与えることである。いじめがつらくて「学校に行けない」と子どもが語るとき、わが子を思うあまり「負けないでほしい」と伝えてしまうこともあるかもしれないが、このような子どもにとって最も大切なのは、家庭が安心できる居場所であると確認することである。それだけで、子どもがこの世界をあきらめないですむこともある。そのためにも家族は、ときには学校を休むことを支持し、家庭で子どもがくつろげる雰囲気をつくっていくことが大切になる。

ＳＮＳやネットにおけるいじめを受ける子どもの多くは、ＳＮＳやネットだけでいじめられているわけではない。現実の学校の人間関係のなかでも、無視されたり、孤立していたりすることがほとんどである。だからこそ、ＳＮＳやネットだけではなく、子どもが現実に所属する集団における人間関係に目を向けることが重要だと思われる。

III

ゲームやネットにお金を使ってしまうとき

第8章 オンラインゲームにお金を使う子どもたち

今日から「推し」キャラのピックアップ。メンテ明けと同時にガチャを回す。先週だいぶ石を使っちゃったけど、まだ五〇回分は残っていたからいけると思っていたのに、かすりもしない。天井まではまだまだ遠い[*1]。ＳＮＳを見れば当たり報告で溢れている。普段は「ガチャ運が悪い」と言っているクラスメートも引けたみたいだ。「五〇回も回したし、次くらいには出るかも」。僕はお金を握りしめてコンビニへと走る。

基本プレイ無料ゲームの登場前夜

ゲームにはお金がかかる。一九七〇年代から八〇年代には『スペースインベーダー』や『ゼビウス』などのシューティングゲーム、九〇年代には『ストリートファイターⅡ』などの格闘ゲームが流行し、多くのプレイヤーがゲームセンターでお金を投じてきた。この時代のゲームセンターでは、うまいプレイヤーの周りには自然と人だかりができており、現代のeスポーツにおけるライブ配信の原型のような世界がそこにはあったかもしれない。それはさておき、これらのゲームは基本的に一プレイごとにお金がかかるものであり、握りしめたお小遣いが尽きてしまえばそれ以上ゲームを続けることはできず、あとは友だちや上手な人のプレイを眺めたりして時間を潰すしかないものだった。

　日本では一九八三年のファミリーコンピュータの登場を機に、家庭用ゲーム機が普及し、多くの子ども（や大人）が家庭でゲームをプレイできるようになった。ゲーム機の本体やソフトはたしかに高価ではあったが、一度購入してしまえば長く遊べるソフトも多く、ゲームセンターで流行したゲームのなかに家庭用ゲーム機に移植されるものも増えていった。

　時代が進むとゲーム機自体の性能が高くなり、一部のロールプレイングゲームやレースゲーム、スポーツゲームなどではより精緻なグラフィックや音声が求められ、それにつれて、ゲーム機やソフトの開発には多くのお金と時間がかかるようになっていった。またネットが普及するにつれて、ゲーム会社が苦労して作ったゲームが違法にダウンロードされるといった問題も起きるようになった。せっかく大作を制作しても、違法にダウンロードされてしまえば、ゲーム会社は収益を上げることが難しくなる。こうしてゲーム会社には新たなビジネスモデルが必要とされるようになっていった。

基本プレイ無料ゲームの登場

そこで登場したのが月々一定の収益が見込める定額制のオンラインゲームであった。しかし、これは毎月一定額を支払うモチベーションのあるプレイヤーを対象としており、その市場規模は期待されたほど大きなものではなかった。そのためゲーム会社は、普段ゲームをしない層にも届く（そして、あわよくばお金を使ってもらえる）ゲームを必要とすることとなった。そのような時代背景のなか登場してくるのが『サンシャイン牧場』や『怪盗ロワイヤル』『ドラゴンコレクション』に代表される「ソシャゲ」である。ソシャゲは誰でも簡単に操作できるデザインのゲームをＳＮＳと紐づけ、収集や対戦などの「競争」やフレンドとの「協力」、そしてＳＮＳを通じた「勧誘」などの要素を組み合わせて、普段はゲームをしないユーザーも取り込んでいった。[1]このようなソシャゲは「基本プレイ無料」だが、ゲームを有利に進めるためのアイテムなどに課金が必要となる。プレイヤーはお金を使って、時間を短縮するなどといった便利なアイテムを買ったり、レアリティが高く強い武器やキャラクターが出る（かもしれない）「ガチャ」を回すためのゲーム内通貨を買ったりするのである。

二〇一〇年代初頭のゲーム会社の収益は「コンプガチャ」（ガチャを回して特定のカードをすべて揃えると特別なカードがもらえるというもの）が支えていたが、社会問題化したこともあり、このシステムは二〇一二年に消費者庁によって禁止された。しかし、今も多くのアプリにガチャというシステムは継承されており、大勢の子どもや大人がガチャを回し続けている。オンラインゲームをプレイしている者のうち、実際に有料アイテムやガチャ、定額制のオンラインゲーム利用などで何らかのお金を使っている者は四八・九％、ガチャにお金を使っている者は三一・九％であり、まったくお金をかけずに遊んでいる者はプレイヤーの半分しかいないとされている。[2] 大学生を対象とした調査でも二七・八％、[3] 小中高生を対象とした調査では二四％が課金をしたことがあると答えており、[4] これらの調査からは、「基本プレイ無料」だからといって、何らかのアイテムやガチャにお金を使うことは決して稀なことではなく、それは小中学生などの低年齢層にも及んでいることがわかる。

　課金というと高額課金ばかりに目がいくが、実際には一ヵ月の課金額は一〇〇〇円未満が四二・一％と最も多く、一万円以上の者が一〇・八％、最も多く課金したゲームへの課金総額が一〇万円を超える者は一〇・六％であり、多くはクレジットカード、キャリア決済、電子マネーやギフトカードなどで支払いを行っている。[2] 低年齢層の子どもたちは、親にわからない程度の課金を、コンビニで購入できるギフトカードやプリペイドカードなどを通じて行っていることが想像される。そう考えると、どれだけ大人が「課金はダメ」と言って遠ざけようとしても、子どもたちはゲームをめぐる課金といつかは出会うものである。私たち大人は、子どもたちが小学生のうちから、「ゲームとお金」について話し合っていく必要があるといえるだろう。

オンラインゲームの課金でできること

オンラインゲームの課金は、ガチャなどの印象もあり、一括りにされがちであるが、課金をして購入できるものにはさまざまな種類がある。たとえば、①時間やテクニック、強さを買うもの（キャラクターを育成するための経験値を効率よくアップさせるアイテム、攻撃力を上げるアイテム、強いキャラが引けるガチャなど）、②プレミアム感を得るためのもの（確率一％のSSRキャラ、期間限定のピックアップなど）、③純粋に見た目だけを変化させるもの（ソシャゲのアバターをガチャで引く、『フォートナイト』や『エーペックス』でスキンを購入するなど）といったものがあり[5]、多くの有料アイテムやゲーム内通貨で購入できるものはこれらが組み合わさった形になっている。つまり、オンラインゲームに課金をする背景には、「強くなりたい」以外にもさまざまな動機があり、そのため課金のリスクにはグラデーションがあるといえる。

たとえば、『フォートナイト』のスキンは純粋に見た目を変えるためのものであり、基本的にゲーム内における性能差はない（見た目が派手すぎて「隠れにくい」など不利な点はあるかもしれない）。ゲーム内で、スキンを格好よく着こなしているプレイヤーと出会えば、「オシャレ」と思うだろう。このとき、「オシャレ」と思われているのは画面の向こうにいる名前も顔も知らない他者であり、そう思っているのは紛れもない現実の自分自身である。つまり、私たちはキャラクターの見た目を通して、その向こうにいる他者を認識している。そして、自身のキャラの見た目を通して、世界から自分が認識されていることを知っている。だからこそ、プレイヤーはスキンを購入して見た目を変え、オシャレをしたいのだ。そう考えると、このオシャレは現実のお出かけの際のオシャレと何ら変わらない。子どもたちが出かける場所やそれを着る場所が、私たちのよく知っている場所ではないだけだ。なかには、一緒にプレイする仲間と「スキンを揃えたい」と言い出す子どももいるかもしれない。これらは友だち同士のフットサルチームで「ユニフォームを揃えたい」と考えることや、学校の文化祭で「クラスのTシャツを作りたい」と考えることと何ら変わらず、仲間の絆やつながりを強くする。そのお披露目の場が、私たちのよく知っている場所と違うだけだ。オンラインもオフラインも関係ないのだ。

そう考えると、これらの課金のリスクは、現実のオシャレにお金をかけるリスクや、ユニフォームやクラスTシャツにお金をかけるリスクとそれほど変わらないといえる。したがって、たとえば子どもが「『フォートナイト』でスキンを買いたい」と言ったとき、私たち大人は、その背景にある子どもの気持ちに耳を傾け、そのことについて話し合える関係にあることが大切であろう。

オンラインゲームと「ガチャ」

オンラインゲームにある「ガチャ」というシステムは、現実の世界のカプセルトイ（いわゆる「ガチャガチャ」）に由来するゲーム用語であり、課金をするたびにランダムでアイテムやキャラが排出されるものである。最近のオンラインゲームのガチャは確率表記されているものが多く、一般社団法人コンピュータエンターテインメント協会（ＣＥＳＡ）や一般社団法人日本オンラインゲーム協会（ＪＯＧＡ）がそのガイドラインを定めている。ここでは、「推し」キャラが確率一％で排出されるガチャについて考えてみよう。

「一％で推しキャラが排出されるガチャがあります。このガチャを何度回したら、推しキャラをお迎えできますか？」

　小中学生にこのように聞いてみると、「一〇〇回くらい」と答える子どもは多い。なかには「最高で一〇〇回」と答える子どももいる。けれども、実際に一〇〇回ガチャを回して推しキャラをお迎えできる確率は、おおよそ六三％である。つまり、一〇〇回引いても三人に一人は推しキャラをお迎えできないのだ。冒頭のエピソードのように五〇回でお迎えできる確率にいたっては三九・五％であり、一〇人に六人以上は推しキャラをお迎えできない。このようなガチャ特有の確率については、あまり深く考えていない（もしくは知らない）子どもも多く、診察室では、無邪気にガチャにお金を使いすぎてしまう子どもとのあいだでよく話題に出す。

「『一〇〇連ガチャ』は、本当に一〇〇回連続でガチャを引いているのかな？」

このような問いも診察室のなかですることがある。テレビのコマーシャルなどでよく聞く「一〇〇連」という言葉。この言葉を聞けば、多くの人は一〇〇回連続でガチャを引くことを思い浮かべるだろう。そして「当たりやすいかも」「当たりそう」と思わせる響きもある。けれども、スーパーに置いてあるガチャガチャと、オンラインゲームのガチャには大きな違いがある。現実のスーパーのガチャガチャで一回目、狙ったキャラクターが出なかったとしよう。そのハズレキャラは、ガチャガチャを回した人がそのまま持っているので、回し続ければいつかはガチャガチャの中身は一個になり、対象のキャラが出るはずである。オンラインゲームのガチャは違う。排出確率はずっと変わらないのだ。つまり、一〇〇連といっても一〇〇回連続で引くのではなく、一回引いて、ハズレだったらそれをもとに戻し、そのうえで、もう一回引く。これを一〇〇回繰り返すというものなのである（図8-1）。そう言われると、「うーん、あんまり当たらない気がしてきた」と思ってくれる子どももいる。

ガチャに関しては、海外の調査（海外ではガチャそのものではないが、「ルートボックス」という似たようなシステムがある）において、青年、成人ともにギャンブルとの関連について指摘がなされている[6][7]。また、Heroes of the Storm（HotS）というゲームからルートボックスが撤去された結果、問題のあるギャンブラーはゲーム内でのお金の消費が少なくなった[8]との報告もあり、これらの調査からは、ギャンブルとガチャの関連性が示唆される。

一方で、最近の「基本プレイ無料」のスマホゲームには当たり前のようにガチャが実装され

〔図8-1〕 実際のガチャガチャとオンラインゲームのガチャの違い

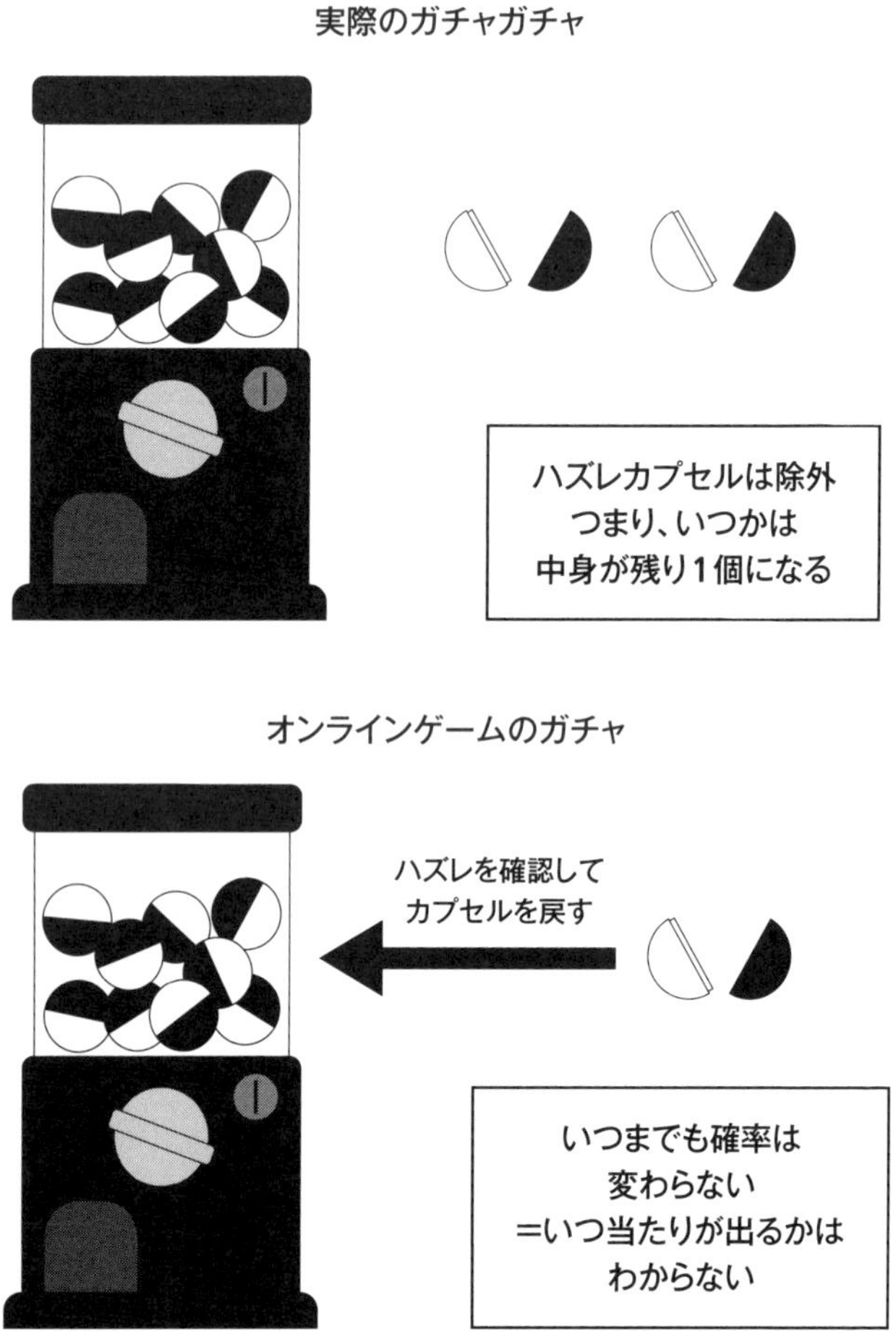

ており、多くの子どもや若者がガチャを回している。「課金はダメだ」と遠ざけようとしても、多くのゲームでは序盤に無料でゲーム内通貨を配り、ガチャを回すことができるようになっている。こうやってガチャを回してくれれば、次は有料でも回してくれるかもしれないからだ。いつかは出会うガチャだからこそ、私たちは、ガチャを回す子どもたちの気持ちに目を向ける必要があるだろう。

〔事例〕オンラインゲームにお金を使いすぎてしまったキリト君

キリト君、初診時一三歳、男性。両親、兄との四人暮らし。主訴は「自分には何もない」（本人）。

受診までの経緯

乳児期の運動発達に遅れはなく、あやせばよく笑う子どもだった。乳幼児健診などでの指摘もなく、三歳ごろには、兄や近所の子どもとの追いかけっこを好んでいた。年少から保育園に入園。口数の多い子どもではなかったものの、友だちも数人おり、戦隊モノのごっこ遊びを好んでいた。年長の発表会では主役級の活躍を見せた。

小学校に入り、勉強はそれほど得意ではなかったが、真面目に時間をかけて宿題もこなしていた。高学年になると勉強でわからないことが多くなり、「どうせ考えてもわからない」と、宿題は答えを写すことが増えた。中学校ではテストが「悲惨な結果」だったため、「このまま勉強をやっていける気がしない」と考えるようになった。しだいに朝になると体が動かず、起きられなくなった。「なんで起きられないの？」と両親が理由を尋ねると「学校に行く意味がわからない」「生きている意味がわからない」と泣き叫んだ。学校を休み始め、家でなんとなくギターを始めたが、練習しても思うように弾けず、長くは続かなかった。好きなアニメのイラストなども描いてみたが、「ネットでフォローしている人の絵を見るとむなしくなる」とすぐにやめてしまった。何をしてもうまくいかないことから「自分には何もない」と考えるようになった。オンラインゲームで遊んでみたり、アニメ、動画などを見たりして過ごすも気分は晴れず、元気のない状態を心配した両親に連れられて、中学一年の秋に当院を受診した。

初診時の様子

うつむき加減で両親の後ろから入室。オシャレなパーカーに真新しいスポーツブランドのスニーカーを着用。「こんにちは、先生は関先生って言います。キリト君だね、今日はよく来てくれたね」「最初に一つ確認しておきたいんだけどね、今日は親御さんが心配して連れてきてくれたみたいだけど、キリト君は無理やり連れてこられたわけじゃないかな？」と問うと、「うん」と小さくうなずく。話したくないことは話さなくてよいこと、両親は外してもらってもよいことなどを伝えたうえで、キリト君から希望があったため、両親には退室してもらい、面接を開始した。

キリト君は質問には言葉少なに淡々と答えるが、中学校での生活に話が及ぶと「中学生になったら『将来何がしたい？』と聞かれることが多くなった」「周りは○○高校に行きたいとか、部活でレギュラーになりたいとか言っているのに、自分は勉強もできないし、スポーツが好きなわけでもないし、何もない」「休んでいるうちに友だちとも話さなくなったし。なんかむなしくて、学校に行く意味あるのかって思って……」と涙を流す。「『将来何がしたい？』って考えれば考えるほどつらくなっちゃうんだね」と返すと、「だって、やっていることはオンラインゲームとかアニメ、チャットで誰かにときどき挨拶するくらい。それでも、挨拶があるだけましかもしれないけど……」と語る。

家庭については、「父も母も無理に行かせようとするわけじゃない。だから、余計に悪いなって思う」と語る。「親御さんとは話すの？」と問うと「お互い気まずいから」とつぶやいた。本人の同意を得たうえで、両親には「彼自身が今は家のなかで居心地が悪いと思ってしまっていること」「それは本人のせいでも親御さんのせいでもないこと」「家庭のなかでは毎日の当たり前の挨拶を続けてほしいこと」を伝えた。

その後の経過

ほどなくして、キリト君は昼夜を問わずオンラインゲームに没頭するようになった。診察のなかで彼は「ちょっと嫌な気分のときにログインすると誰かが挨拶してくれる。だから、自分もだいたいいつもいる」「いつも挨拶してたら、少し個別に話す人も出てきた」とオンラインゲームの世界について語った。彼がプレイしているのは「基本プレイ無料」の戦略シミュレーションゲームであり、キャラクターの育成のためにガチャがあるものであった。中学二年になったが、昼夜を問わずオンラインゲームを続け、学校には行けない状態が続いていた。診察では「けっこう強くなってきたから、頼られることも多い」と語り、「どうやって強くなったの？」と尋ねると、「こういうゲームだから、ずっとインしているほうが強くなる。あと、やっぱりガチャかな」「けっこう強いカードが一枚じゃダメで、育てていくために何枚か引かなくちゃいけない」から「貯めてたお年玉とかも使っちゃって」と話すように、ガチャを回すお金はしだいになくなっていった。

中学二年の夏には父親のクレジットカードを盗んで、ゲームに使っていることがわかった。両親が問い詰めると、家庭内で暴れて窓ガラスを割るといった行動があり、翌日両親とともに受診となった。

診察では、「どうしても、ガチャが止められなくって。親の大事なお金を使ってしまった」とうつむきながらつぶやいた。「どうして止められなくなっちゃったの？」と尋ねると、「強くなってきたから、話しかけてくれる人も増えた」「幹部として運営するようになったから、サーバーのなかに自分を知っている人も増えたし、弱くなれない」「今回は引かないでおこうって決めても、誰かがチャットで『引いた！』って言うと、なんか焦って『引かなきゃ』って思って……」と語る。「大事な居場所がなくなっちゃうって思ったのかな？」と問うと、静かにうなずく。「ガチャはどうしたい？」と尋ねると、「もうガチャは引きたくない。でもやめられるかわからない」と語る。

両親は、「お金を使って、そのことを聞くと暴れる。どう接したらいいのかわからない。もうパソコンは取り上げたほうがいいでしょうか？」と尋ねた。筆者は「今、パソコンを取り上げると、居づらいと思っている家庭のなかの居場所も、オンラインゲームのなかの居場所も失ってしまう。そのほうが大変になると思われること」を伝え、「彼自身が課金を止めたいと思っているから、ここで一緒にお金のことを考える機会をつくっていただけないか」とお願いしたところ、両親は了解された。キリト君は両親に対して、「もう課金はしないようにしたい」「クレジットカードを盗んでごめん」と謝った。このことがあってから、彼は両親と家で顔を合わせても「気まずくなくなった」と語り、夕飯も両親と一緒に食べるようになった。

九月の診察では、「誰かがチャットで『引けた』って言ったときの気持ち」について扱った。氷山の絵を描きながら、「キリト君はガチャ回して当たったらチャットで報告するよね？　外れまくってるときはどう？」「それはあんまり報告しないかな」「そうだよね、当たり報告の裏側には、報告されない外れ報告がたくさんあるんだよ」と氷山の絵を描きながら話をした。キリト君は「誰かが引けると、『引けるかも』『引かなくちゃ』って思うけど、そっか、引けなかったときはあんまり報告しないもんな」とつぶやきながら、描いた絵を持ち帰った。

一〇月には両親に誘われて好きなアニメの原画展に出かけた。一〇月の診察では、両親同席で「家の収支」について扱った。両親からは家の収入、兄とキリト君のためのお小遣いや将来のための保険料などの支出について語られた。キリト君は診察の最後に「自分が使ったお金はガチャ回しているときは全然意識していなかったけど、すごく大きかったんだ」と語った。

一二月になると、キリト君はあれほど夢中になっていたゲームをやめてしまった。診察では「内輪揉めがあって、ちょっと面白くなくなっちゃって」「タイミング的にも、まあいいかなって思って」と語った。彼はその後も登校することはなかったが、両親とは休日に買い物や、両親の趣味のサッカー観戦に出かけるようになった。中学卒業後は通信制高校に進学した。同じ学校に通っている趣味の合う友だちができたようで、最近では毎晩オンラインゲームで夜遅くまで遊んでいる。課金については「あのころは、ガチャを回さないと仲間のレベルについていけなかった。でも、ガチャが面白いわけじゃない。引いたときはたしかにうれしいけど。誰かと話すのが楽しかったんだと思う」と振り返った。

今、彼の部屋からは友だちとゲームをプレイしながら話す笑い声が響いている。そして、幸いなことに今回のゲームにはガチャはない。

オンラインの居場所と現実の居場所

特定のインターネット使用障害に関するＩ－ＰＡＣＥ（Interaction of Person-Affect-Cognition-Execution）モデルによれば、オンラインゲームなどの特定のインターネット障害は①中核的な特性、②オンラインゲームに対する認知・情動的反応やコーピングのスタイル、③実行機能の低下などの相互作用の結果とされており、中核的な特性の具体的な例として孤独感や自己評価の低さが想定されている。[9] キリト君は、中学校に入り、周囲と自分を比べるようになり「自分は勉強もできないし、スポーツが好きなわけでもないし、何もない」と感じ、学校での孤独感を深めていき、不登校となった。一方で家庭に関しても「父も母も無理に行かせようとするわけじゃない」から「悪いなって思う」「お互い気まずい」と居心地の悪さも感じていた。これらは孤独感や自己評価の低さ、罪責感といった中核的な特性にあたるが、このような背景もあって彼は少しずつオンラインゲームに傾倒していった。

海外のルートボックスに関する調査では、ルートボックスにお金をかける動機として、①ゲームをプレイする楽しさ（二一・九％）、②特定のアイテムやキャラクターを手に入れたり、コレクションしたりするため（一九・二％）、③箱を開けるときのワクワク感、ドキドキ感（一六・〇％）などが挙げられており、[10] キリト君のガチャへの課金も表面的には（強くなるための）「特定のアイテムやキャラクターを手に入れるため」にあたる。しかし、彼がそれらを手に入れたい動機は、「強くなってきたから」「頼られることも多い」「話しかけてくれる人も増えた」「誰かと話すのが楽しかった」と語る一方で、「幹部として運営するようになった」から「弱くなれない」「ガチャを回さないと仲間のレベルについていけなかった」と語るように、やっと見つけた居場所を失うかもしれないという不安でもあった。

彼を救ったのは、診察室での「ガチャの当たり報告は氷山の一角」「家計を知る」といった筆者の拙い心理教育ではない。一貫して粘り強く彼にかかわり、お金の問題があったときにもオンラインの居場所を取り上げることなく、家庭の居場所を回復しようとコミュニケーションをとり、支え続けてくれた両親の存在だろう。

診察室での両親とのやりとり以降、キリト君と両親の関係は「お互い気まずい」思いがなくなり、一緒に食事をとったり外出したりするようになり、キリト君が両親の趣味にも付き合うようになっている。そのようにして、彼は少しずつ、家庭という現実の居場所を回復するに至ったといえる。そして、そこからチャレンジをし、通信制高校に進学することで気の合う友だちを得たのだろう。キリト君が一日の大半を過ごす部屋はあのころも今も同じ部屋だ。けれども、あんなにハマったガチャを引く姿はもうそこにはなく、聞こえる声もあのころとは違ったものになっているだろう。

ガチャにお金を使いすぎてしまうとき

子どもがスマホのアプリやオンライゲームのガチャにお金を使いすぎてしまったとき、多くの大人は怒ってしまうかもしれない。なかには怒りのあまり、スマホやパソコンを取り上げたり、ネット環境を取り上げたりすることを考える大人もいるかもしれないし、周囲からそのように勧められることもあるかもしれない。けれども、子どもの大好きなものを取り上げることや、その結果として家族が対立してしまうことは、しばしば大きな弊害を生み、子どもがオンラインゲームにいっそう傾倒することにもつながる[11]ことが知られている。そう考えると、私たち支援者が粘り強く模索すべきは、オンラインゲームを取り上げる道筋やネットを切断する道筋ではなく、家族との深刻な対立を回避し、適切なコミュニケーションを回復していくことだろう。

「基本プレイ無料」ゲームのガチャは労力をかけずにキャラを強くしてくれる。他者から、その強くなったキャラを通して見られているのはたしかに自分自身だ。仲間たちからは頼りにされ、キリト君のように「何もない」と思える自分が何者かになったかのように思える。ガチャを回すことで、そんな世界のかけらが労せずして手に入ることがある。けれども、その世界は常に更新され続けている。昨日まで強かったキャラクターや武器も、ゲーム世界がアップデートされればもっと強いキャラクターや武器が実装される。つまり、お金をかけてガチャを引き続けなければ、そのキャラを通じて得たあんなに色鮮やかだった居場所は容易に色褪せてしまうのだ。その過程で、「ちょっと面白くなくなっちゃって」とキリト君が語るように、その世界の魅力も失われていく。

子どもたちのなかには、ただ楽しくて無邪気にガチャを回す子どももいるだろう。けれども、キリト君のように「自分には何もない」と思い、何者かになれるかもしれない世界のかけらを求めて、ガチャを回し続ける子どももいる。キリト君の両親のかかわりが彼に届けたものは「あなたはあなたのままでいて」というメッセージなのだろう。だから彼はガチャを回し、何者かにならなくても、自分自身のままでいられる居場所を見つけられたのかもしれない。

＊1　石：ガチャを回すためのゲーム内通貨。ピックアップ：ゲームのガチャにおいて特定のキャラクターの排出確率が上がるシステム。新たに実装されたキャラや期間限定イベントに強いキャラがピックアップガチャになることが多い。天井：ガチャは確率である以上、どれだけ回しても好きなキャラが出ないことはある。そのような事態を回避するために、二〇〇回ガチャを回したら特定のキャラがもらえるなどのシステムが用意されている。

第9章 ライブ配信でお金を使う子どもたち

よく眠れない夜、真っ暗な部屋でスマホのアプリを開く。無数に並ぶサムネイルの枠から、なんとなくタップしたルームでは可愛いアニメのようなキャラクターの表情に合わせて楽しそうな声が聞こえる。そして、その声は「○○さん、いらっしゃい。よかったらゆっくりしていってね」と自分の名前を呼び、語りかけてくる。あまり目立たずにこっそり入室したいのだが、声の主に通知が行く以上そうもいかない。ときには他の視聴者からも「○○さんいらっしゃい」とコメントされる。なんとなくこそばゆい。そんなこちらの気持ちとは裏腹に、声の主は雑談を続け、コメント欄にあがったコメントから会話を広げ、笑いを誘う。

ライブ配信の世界

ライブ配信の配信者というと、読者の方は人気のVTuberやeスポーツプレイヤーなどを思い浮かべるかもしれない。たしかに人気のあるVTuberのライブやeスポーツプレイヤーの配信には本当にたくさんの人が同時に集まっている。

ライブ配信では、視聴者が配信者に金銭を贈る機能が備わっており、ライブ時や記念日などにはスーパーチャット（スパチャ：YouTubeにおける「投げ銭」機能）や有料アイテムが送られることも多く、その一部は配信者に還元される。ちなみに、二〇二一年のYouTubeのスーパーチャット累計金額のトップ10のうち九人は日本のVTuberであり、二〇二三年のトップ10にも二人のVtuberがランクインしている[1]。彼らの配信ではコメント欄がたくさんのコメントで埋め尽くされ、視聴者同士の一体感もあり、あたかも誰かと一緒にイベントに参加しているかのような感覚になる。けれども、配信枠のなかには視聴者が一〇人、もしくは数人といったものもあり、そこでは配信者と視聴者のあいだに相互交流が生まれることもある。そして診察室では、このようなライブ配信の世界に居場所を見出す子どもと出会うこともしばしばある。

子どもたちはどうしてライブ配信を視聴しているんだろう？

ライブ配信は一〇代から二〇代を中心に人気のコンテンツである。令和四（二〇二二）年度の「情報通信メディアの利用時間と情報行動に関する調査報告書」によれば、一〇代の一五・七％、二〇代の二二・六％がライブ配信を利用しているとされるが[2]、別の調査では二〇代の四八・二％がライブ配信を視聴したことがあるとされる[3]し、一〇代男性の半数以上、女性の四〇％以上が一日に三〇分以上ライブ配信を視聴しているという調査もある。[4] 総務省の調査はライブ配信としてニコニコ生放送やツイキャスなどを想定しており、YouTube をオンデマンド型に分類しているため、これらの調査の数値に差があるのかもしれないが、診察室で話を聞いていると、子どもたちの多くにはライブ配信の視聴経験があるようだ。

ライブ配信においては、特別に作り込まれたコンテンツではなく、配信者のトークやゲームをする様子など日常を垣間見ることを楽しんでいる視聴者も多い。配信者は、VTuber やYouTuber などの動画投稿者、アーティスト、アイドルなどの有名人であることも多いが、最近では誰もがスマホで手軽にVライバーとして配信できるようになったこともあり、視聴者の一〇・七％は「一般の人」の配信を視聴している。またその目的としては「配信者を見る」だけでなく、「ＢＧＭ代わり」に「誰かと同じ時間・体験を共有すること」などが多いが、「寂しさがなくなる」ことを求めて視聴する場合も少なくない。[3]

そして、多くの子どもや若者はただ受身的にライブ配信を見るだけではなく、コメントを投稿しており[5]、配信に関与することで、単なる視聴者ではなく参加者となっている。そのなかには、純粋に「好きだから」「推しているから」といった気持ちで配信を見る者もいるが、寂しさから、誰かとつながり同じ時間を共有したいと思い、そこから離れられなくなっている者もいるだろう。このような孤独感とオンラインコミュニティへの傾倒に関しては、孤独感がＳＮＳなどに傾倒する予測因子となり得ること[6][7]や、友だちがいないなどの社会的な関係の質の低さがオンラインへの傾倒と関連しており、孤独感がそれを媒介することが指摘されている[8]。

配信者と視聴者の関係

ライブ配信の体験は、配信者と視聴者の相互作用によって形成される。たとえば、VTuberの雑談のような配信では、キャラから発せられる声や仕草はもちろんだが、その設定の背景にときどき垣間見える日常のその人らしさに魅せられることもある。そういった意味ではVTuberの配信はただのアニメキャラによるラジオのようなものではないといえる。また、数万人以上の視聴者が集まるライブ配信では、視聴者は配信者の一挙手一投足に注目し、その歌や会話に反応してコメントなどを送り、配信に関与することで、「みんな一緒に」「同じイベントを」体験する参加者となった感覚を得ることができる。このような関係性は、大規模なライブやフェスなどにおけるアーティストと観客の関係性に似ているかもしれない。

一方で、視聴者が数人から数十人といった小規模な配信では、視聴者は「○○さんいらっしゃい」と（ものすごく）歓迎され、他の視聴者からも「はじめましてー」とくだけた挨拶をもらうこともある。配信者の一人語りや他の視聴者とのやりとりに耳を傾けていると、急に自分の名前を呼ばれることすらあるし、コメントを書けばすぐにレスポンスがあることも多い。深夜の配信では視聴者が「仕事がつらい」などと日常の愚痴を書くこともあるが、それを見た配信者が「頑張れー」「私もだ」と大きな声で励ますことも目にする。このように小規模な配信は、有名なVTuberやVライバーの配信での体験に比べて配信者と視聴者、視聴者同士の距離が近く、個人的な関係（に見える関係）になりやすいため、居場所のように感じられることも多いだろう。また、小規模な配信では、視聴者が配信者であることも多く、配信者がお互いの配信を行き来していることも珍しくない。

　このような関係性は、地方の小さなライブハウスにおけるアーティストと観客の関係性に似ているかもしれない。ライブハウスにあまり行かない読者には想像がつかないかもしれないが、地方の小さなライブハウスでは、観客が数人といったライブはしばしばある。ライブハウスで、観客はアーティストから「○○さん、いつもありがとう」と自分の名前を呼ばれ、挨拶される。物販スペースにはすでに持っている音源やグッズが並んでいるが、応援する気持ちとその日の記念にという気持ちから再度購入することもしばしばある。ライブが終われば、フロアにいるアーティストと音楽とは関係のない雑談をし、打ち上げに参加すれば知らない誰かと音楽談義をし、そのうちの何割かは実際に音楽をやっていて、次のライブのチラシを「〇〇さん、よかったら」と手渡される。ライブハウスでよく顔を合わせる（本名を知らないこともしばしばある、しかし親密な）友だちはこうして増えていく。そこにはアーティストへの応援と相互交流が入り混じった、個人的に見える関係性がある。

ライブ配信における「投げ銭」とそこに込められる気持ち

実際のアーティストのライブでは、チケットや物販で購入できるグッズの代金としてお金を支払うことができるが、ライブ配信ではオンライン上で配信者に金銭や有料アイテムを贈ることができる。これがいわゆる「投げ銭」である。

ライブ配信での投げ銭は一〇代に多く、一五〜一九歳の一三・七％が投げ銭をするとされている。[5] 独立行政法人国民生活センターのサイトには、中学生が親のクレジットカードを利用して一回約一万円の投げ銭を何度もするなど、一〇〇万円以上を使った事例が報告されており、[9] 投げ銭と聞くと「大金を使ってしまうのでは」と心配する方もいるかもしれない。しかし実際には一回の配信に対する投げ銭の金額は五〇〇円以下が三六・八％、一ヵ月でも五〇〇円以下が三九・五％と、[5] 多くの人が大金を使うわけではない。それどころか、この金額はライブハウスやカフェに通うのと変わらないか、それらよりもずっと安価である。ただし、一ヵ月に五〇〇〇円以上使う者が全体の一八・四%、一〇万円以上使う者も五・三%とされており、これは決して無視できない数字である。けれども「投げ銭は危ないからダメだよ」と言うだけで子どもや若者たちが投げ銭をしなくなることはないだろう。

「無料で視聴できるのになんでわざわざお金を」と大人は眉をひそめるかもしれないが、私たち大人も応援の気持ちや感謝の気持ちから誰かにお金やプレゼントを贈ることはあるだろう。実際に投げ銭の理由を視聴者に尋ねたアンケート調査[5]によれば、「配信内容に満足したから」（五〇・〇%）、「配信者に喜んでもらいたいから」（三四・二%）、「配信を盛り上げたいから」（三一・六%）、「配信者が継続的に活動できるよう支援したいから」（二六・三%）といった理由が多い。一方で、「他の配信者が贈っているのにつられたから」（二三・七%）、「配信者のランキング等を上げたいから」（一八・四%）、「配信者からの反応が欲しいから」（一五・八%）といった理由も少なくはない。

これらの調査から、投げ銭の背景には以下のような視聴者の思いがあるものと考えられる。

①「感謝」の投げ銭：「楽しかった」「ワクワクした」など体験への感謝の気持ち

②「推す」ための投げ銭：「続けて活動してほしい」「頑張ってほしい」「成長を見守りたい」など応援したい気持ちや、「ランキングが上がってほしい」「もっと知られてほしい」など配信者を世に広めたい気持ち

③「つながる」ための投げ銭：「喜んでもらいたい」「反応がほしい」「自分を知ってほしい」

「視聴者の一人に埋もれたくない」など相互交流を求める気持ち

ただし、実際の投げ銭はこのように類型化されるものではなく、その背景に隠れたこれらの気持ちには濃淡があり、ある時点の投げ銭と三〇分後の投げ銭の動機はおそらく異なるものと考えられる。だからこそ、私たちが投げ銭に関する相談を受ける際には、投げ銭そのものの善悪よりも、その背景にある子どもたちの気持ちに目を向ける必要があるのだ。

［事例］配信者に「嫌われちゃったかも」と悩むセイ君

セイ君、初診時九歳、男性。両親と兄との四人暮らし。

受診までの経緯

乳児期の運動発達に遅れはなかったものの、一歳ごろから視線の合いにくさや呼びかけても反応が少ないことに気づかれていた。一歳六ヵ月健診のころも、発語は認めず、指さしなどで何かを伝えることや母親の指さしに反応することはなかった。三歳ごろから言葉は出始めたが、一人で積み木を一列に並べることが多く、大人が一緒に遊ぼうとすると嫌がった。年少から幼稚園に入園し、言葉はしだいに発達したが、他児とは遊ばなかった。年長に上がるころから

「ポケットモンスター」（ポケモン）に関心をもつようになった。

小学校に入学し、一年生のころは担任の先生が優しくポケモン好きであったこともあり、先生とよく話す姿がみられていた。しかし、二年生になると漢字の指導が厳しくなり、国語の学習が嫌いになっていった。三年生になると、国語の授業中に落書きをし、ひとりごとをつぶやくようになり、先生から叱られることが多くなった。一方で算数の授業中におしゃべりをするクラスメートには「静かにして」と注意をすることも多く、しばしば友だちとトラブルになっていた。このような学校での様子を心配した母親に連れられて、セイ君は当院を受診することとなった。

初診時の様子

ポケモンのトレーナーを着ている。少し緊張しているせいもあるのか、学年を聞くと、うっかり間違えて「二年」と答えるものの、好きなことに関しては自信に満ちた顔で語る。学習は「好きなのは算数」「国語はつまらない」と語り、続けて「だから、いつもポケモンバトルしてる」という。「ポケモンバトル？」と尋ねると、「今、ポケモンやってるんだけど、今は森のなかの家のところなんだけど、おばけ出るんだよ」「それでさー、きっとね……（ポケモンのストーリーやその背景となる話が続く）」と話す。筆者が「それは怖いねー。それで、ポケモンバトルって？」と聞くと、「おばけの家でずっと戦ってるってことだよ」と答える。彼によるとポケモンバトルとはポケモンのゲームを空想しながらする遊びということであった。

その後の経過

四年生になるとセイ君はクラス内で孤立するようになり、いじめを受けることも増えた。セイ君が診察で「友だちに注意しないように気をつけている」「でも、○○君が『来るな』って黒板消し投げてくる」と語ったことを受けて、筆者と母親、学校とで話し合い、先生が介入することでいじめは少なくなった。その後、学校には通うことができていたが、仲のよい友だちはおらず、「僕、友だちいないから、どうやったら友だちできるんだろう」と診察室でしばしば口にし、そのたびに筆者はセイ君と一緒に彼のいいところを考える関係を続けていた。

中学一年の冬ごろからセイ君は「友だちがいないから」「学校に行かない」と、学校に行かなくなった。母親は最初こそ戸惑ったものの、家庭であたたかく見守り、休日などは家族で連れ立ってセイ君の好きなところに出かけていた。

もうすぐ三年生というころ、彼は診察で「僕、高校には行きたい。だから、三年から学校に行きたい」と語った。「どうしてそんなふうに思ったの？」と返すと、「話せる友だちがほしい」という。母親やセイ君、学校とともに、セイ君にとっての学校での居場所について話し合い、三年生からは特別支援学級を利用することとなった。

セイ君は「行ってみたら楽しかったし、友だちができた。レオ君とレンさんと友だちになった。レオ君はポケモン好きなんだ」と話し、学校に通うようになった。中学校を卒業するまでの期間は「好きなことが同じ友だちもできたし、初めて学校が楽しかった」と、学校で楽しく過ごすことができた。

卒業後は友だちとは別の通信制高校に進学した。入学当初は高校での生活について楽しげに語ることもあったが、高校一年の秋ごろから診察で「友だちを誘ってもあまりうまくいかない」と口にするようになった。一方で、家では「休みの日とか夜に○○（配信アプリの名前）で配信見てる」と話し、筆者が「あれでしょ、スマホでVライバーみたいになれるやつ」と返すと、「そう、けっこういろんな子がいて面白いよ」とライブ配信を楽しむ様子などについて語った。話を聴いてみるとセイ君は、ノアさんという名前の配信者の配信を好んでおり、「コメントするといつも『ありがとう』って言われるからうれしい」「常時だいたい一〇人くらい（視聴者が）いる」「仲のいい（視聴者の）友だちもできた」「学校よりも楽しい」「学校では誰とも話せない」から「配信で『学校つらい』って相談することもある」と語っていた。

二年生になると、セイ君は朝起きられないことが増えてきた。そのころの診察で彼は、「先生、相談があるんだけど、最近配信でもうまくいかなくって」「親にも言えないんだけど、実は配信でお金を使っていて」「コメントを返してくれるのがうれしくって、そういうときに（有料アイテムを）贈っていた」「（配信に）だんだん（他の視聴者が）増えてきて、今は三〇人くらいいる」し、「（ノアさんが）他の人とは仲よく話している気がする」「二週間くらい前の配信で『学校つらい』って書いたけど、コメントがなくて」「前はもっと話してくれた気がする」「先生、だから、もっと（有料アイテムを）贈ったほうがいいかな？」と話した。「どうしてそう思ったの？」と尋ねると、「嫌われちゃったかもしれないとか考えちゃって」「応援したいとも思っているけど」とつぶやく。「これからどうなってほしい？」と尋ねると、「今までみたいに普通に話せる場所がいい」と答えた。

「ノアさんの配信はセイ君にとって大事なところなんだね。そこでうまくいかないのは苦しいね」とそのコミュニティが大切な居場所であることを確認したうえで、「『嫌われちゃったかもしれない』と思っているけど、それは本当かな？　一緒に考えてみよう」と伝え、「そう思う理由」と「そうじゃないと思える理由」について話し合い、書き出していった。

セイ君は「そうじゃないと思える理由」として「他の人にも返事しないこともあった」「（視聴者の）友だちがそんなことないって言ってくれた」「昨日の配信では雑談もした」「『学校つらい』って連続で書いたから答えにくかったかも」などを書き出した。筆者が「そうじゃないと思える理由がいっぱいあるね」と伝えると、セイ君も「うん、嫌われてないかもしれない」と答えた。そのうえで「配信で急にネガティブなコメントを連投すると答えにくいかもしれない」ことや「何でもないときに、突然（有料アイテムを）たくさん贈られたら、ノアさんがびっくりする」と思われること、そして「お金で他人の気持ちを動かそうとすると、自分が苦しくなりやすい」こと、「現実のつらい気持ちがあるときには、先生もセイ君と一緒にどうしたらいいか考えたい」ことなどについて話し合った。

セイ君はそれぞれについてよく考えたうえで、「じゃあ、先生は今までみたいにありがとうとか、そういう気持ちのときにちょっとだけ贈るのはいいと思う？」と質問をくれたので、

「それはセイ君のありがとうの気持ちだからいいと思うよ。大人もありがとうって思ったらプ

レゼント贈ることもあるよ。ただ、親御さんにもそのことを伝えておいたほうがいいんじゃないかな?」と返すと、「言いにくいから先生も一緒に話してほしい」と言うので、母親にも診察室に入ってもらうこととなった。母親に話をすると、「それは私たちの時代でいうファンレターとか、ちょっとしたプレゼントみたいなものですか?」と尋ねられたため、「同じような気持ちからですね」と答えると、母親は「自分のお小遣いの範囲でよく考えて使ってくれればいい」とセイ君に向かって話していた。

セイ君は今でも配信を聴いている。「嫌われちゃったかもしれない」と思うことはなくなり、ノアさんの雑談を聴いたり、他の視聴者の友だちと雑談をしたり、相談に乗ることもあるのだという。ネガティブなコメントを連投することに関しては、「先生、僕わかったけど、たぶんあれは答えにくいし、迷惑かけますね」と言う。そして、他の視聴者の友だちに励まされながら学校にもなんとか通っている。今でも一ヵ月に五〇〇円から一〇〇〇円ほど投げ銭に使うこともあるが、まったく使わない月もある。そして、ノアさんの配信の視聴者数は「あまり増えていない」と言い、彼はそのことを「なんとも言えない気持ち」と少し笑いながら話している。

「推したい」気持ちと「つながりたい」気持ちのあいだで

セイ君は自閉スペクトラム症（ＡＳＤ）を有する子どもである。ＡＳＤには①社会的コミュニケーションや対人相互反応の障害、②行動、興味、活動の限定された反復的な行動様式という二つの特徴があるため、学校などの環境でさまざまな苦労をしやすいことが知られている。子どもたちの友だち関係は、思春期が近づくにつれて少しずつその形を変え、同調性の高い仲間関係を形成するが、ＡＳＤの子どもにとっては、そのような集団のなかで友だち関係を維持するのが難しいことがしばしばある。また、幼少期は一人遊びが好きだったＡＳＤの子どもも、大きくなるにつれて「どうやったら友だちできるんだろう」とセイ君が語るように、友だち関係をもちたいと願うようになる（ＡＳＤなどの発達障害については第Ⅳ部でくわしく述べる）。このような悩みを背景としてセイ君は学校に行きづらくなったが、「話せる友だちがほしい」と考え、特別支援学級を利用するようになった。そこでは同じ趣味の友だちもでき、楽しく過ごすことができたが、友だちとは別の高校に進学したことで、セイ君は再び「学校では誰とも話せない」という寂しさを抱えるようになる。

そんなセイ君のこころの隙間にふと入ってきたのが、ノアさんの配信である。そこはセイ君にとって、コメントするといつも「ありがとう」と返してくれるノアさんとの関係性を中心に、「仲のいい（視聴者の）友だち」もいる「学校よりも楽しい」コミュニティになっていったようである。その場所がセイ君にとってお気に入りだったからこそ、「コメントを返してくれてうれしかった」から「ありがとうとか、そういう気持ちのときにちょっとだけ（有料アイテムを）贈る」こともあっただろう。これは感謝の気持ちが大部分を占める投げ銭である。

もちろん、配信者はより多くの人に自分の配信を届けたいと思っていることも多く、そのコミュニティがだんだん大きくなっていくこともある。そして、セイ君が「応援したい気持ちもある」と語るように、視聴者もそんな配信者の活動を応援するためにSNSで拡散したり、「推したい」気持ちから投げ銭したりすることもあるだろう。一方で、配信者がより有名になり、コミュニティが大きくなっていく過程を目の当たりにして、居場所が変わっていく不安が出てきたり、配信者が多数の視聴者に語りかけるようになった結果、寂しさを感じたり、「嫌われちゃったかもしれない」と考えたりする子どももいるだろう。そして、そのような子どもがささやかではあるけれど大事な居場所を失わないように、「つながりたい」気持ちから投げ銭することもある。私たち大人が注意しなければならない投げ銭は、このような他の視聴者に埋没する不安や「つながりたい」「つながりを失いたくない」気持ちからなされる投げ銭だろう。

子どもたちが「投げ銭」をしたいと語るとき

これまで見てきたように、ふとしたこころの隙間に心地よい声が届くような感覚が現代のライブ配信にはある。それはかつてのラジオに大人が感じていたものと似ているのかもしれない。パーソナリティが語る言葉に共感したり励まされたりすることで誰かが近くにいてくれるように感じた大人も、自分が出会った声や番組をもっと多くの人に知ってほしいと思った大人も多いだろう。また、自分の送ったハガキが読まれてうれしく思ったり、誰かのハガキの内容に共感し涙したりした大人もいるだろうし、どこかに出かけた際のささやかなお土産を贈った大人もいるだろう。ただ、現代のライブ配信は、ラジオと比較して、自分のコメントやプレゼントに反応があったかどうかが自分にも他の視聴者にも可視化されやすくなっている。そのような背景もあり、とくに小規模なライブ配信の世界では「他の人とは仲よく話している気がする」「前はもっと話してくれた気がする」「嫌われちゃったかもしれない」などといったネガティブな思いが表面化しやすくなるのかもしれない。

　投げ銭の背景にこのようなネガティブな思いがある場合には、支援者が「投げ銭してはいけないよ」と諭すことや、スマホを取り上げることにあまり意味はないだろう。むしろ、本人の思いを汲み、その行為がどのような思いからなされるものなのか、そして、それは本人に幸福感をもたらすものなのかということについて、一緒に考えていく必要がある。セイ君の事例でいえば、「もっと（有料アイテムを）贈ったほうがいいかな？」と考えた背景にある「嫌われちゃったかもしれない」という気持ちを丁寧に扱ったうえで、そのコミュニティが居場所であり続けるために、どのように振る舞ったらいいのかを考えていくことが大切だろう。

　オルデンバーグは、生活を営む場所であるファーストプレイスや学校や職場のようなセカンドプレイスではない、カフェのように居心地のよい場所としての「サードプレイス」の社会的なニーズとその重要性について論じている。[10] サードプレイスの特徴として、誰もが参加でき、アクセスしやすく、習慣的に集まりやすく、会話が主な活動であること、フレンドリーで心地よいこと、友だちが見つかることなどが挙げられており、日本ではＳＮＳなどがこのようなサードプレイスになりやすい[11]といわれている。こうしたサードプレイスの特徴から考えると、ノアさんの配信のようなコミュニティは、セイ君にとってのサードプレイスであるといえるだろう。

もちろん今後、ノアさんが有名になっていくことがあれば、このコミュニティは今のようなサードプレイスではなくなるかもしれない。そのときには、セイ君が配信者を「推したい」気持ちが強いのか、それとも、そのコミュニティに「つながりたい」気持ちが強いのか、「なんとも言えない気持ち」がどうなっていくのかを、また一緒に考えてみたいと思う。

コラム4

VTuberという文化

VTuberは、2Dもしくは3Dのアニメキャラのようなアバターを用いて、ライブストリーミングや動画でパフォーマンスなどのコンテンツを提供する人であり、その数は二万人を超えるとされている。[1] VTuberにはもちろん「中の人」がおり、その声を担当している。アバターの外見は日本のアニメ調であるが、通常のアニメキャラのように背景に連なる物語はもたない。多くの場合、VTuberはそれぞれに独自の世界観や設定をもっているが、とくにストーリーに沿った展開や役割を演じるのではなく、自由に歌ったり、踊ったり、ゲームをしたりしながら、感情豊かに雑談する。まるでアニメから飛び出してきたキャラが、自由に私たちと同じ世界で生活しているかのような様子を見て楽しむことができる。

VTuberは二〇一六年ごろから人気に火がつき、二〇一八年以降、ブームと言っていいほど爆発的に広がっている文化であるが、人々はなぜこれほどVTuberに心惹かれるのだろう？

それぞれのVTuberの見た目に心惹かれる者はもちろん多いだろう。VTuberの動画を視聴するボリュームゾーンは男性で一〇～三〇代、女性で一〇～二〇代といわれている[4]

が、現代の一〇～三〇代の多くはアニメ文化や初音ミクなどのボーカロイドを楽しんできた世代であり、三次元でなく二次元のコンテンツや、それらの二次創作を楽しむ素地が育っている世代ともいえるだろう。VTuberの歴史は二〇一六年一二月のキズナアイさんのデビューに始まるが、彼女はインタビューで、アニメルックな見た目や年齢、声などについて「こういうのが愛されるらしいというスーパーAI的なデータの集積」に基づいたものとしている。[2] VTuberにおいては、猫耳、悪魔、巫女、船長っぽいなどの見た目の要素や、キャラクターを構成する目の色、髪の色、髪型などに関する諸々の要素の組み合わせが、私たちに「かわいい」と思わせたり「格好いい」と思わせたりする。このようにキャラクターが生きる物語そのものではなく見た目の構成要素が消費の対象となるようなコンテンツの受容のされ方は、データベース消費[5]そのものといえるだろう。

　VTuberが広がった背景としては、YouTubeで動画視聴をする文化があったことも指摘されているが、黎明期のVTuberの視聴者層と生身のYouTuberの視聴者層は異なることも考えられる。キズナアイさんはインタビューで、「〝オタク文化〟というものがあるとされていて、わたしの選択ってそれと親和性が高かったってことなんですよね」と語っているが、[2] アニメ好きであれば、「アニメのキャラが実際に私たちと同じ生活をしたら、どんな生活を送るんだろう？」と空想したことがある者は多いだろう。そのようなアニメ好きの空想を実現しているのがVTuberの世界であり、既存のYouTuberの視聴者層ではない層に訴求した可能性があるだろう。

「いやいや、VTuberの〇〇には見た目だけじゃない親近感がある」と語る視聴者もいるだろう。ゲームの配信であれ、雑談であれ、VTuberが提供するコンテンツは、多くの視聴者にとって「自分も真似できそう」と思えるものである。そして、愚痴も言うし、ご飯も食べるなど、私たちと同じ日常を生きていることが感じられる場面はしばしばある。このような本来遠いはずの見た目であるVTuberが身近に感じられるギャップも、視聴者に親近感を抱かせることにつながっていると思われる。

「いやいや、見た目や親近感だけじゃない、VTuberの△△には他にはない個性がある」と語る視聴者もいるだろう。たしかに子どもたちに話を聞いてみると、「見た目もだけど、性格がいい」とか「正直にものを言うから好き」など、個々のVTuberの性格的な特徴に心惹かれることは多いようだ。では、このVTuberの個性とはどこからくるものだろうか?

VTuberの個性は外見が表象するキャラからきているのだろうか? たしかに、たとえば壱百満天原サロメさんは、お嬢様といった見た目をしている一方で、「お嬢様に憧れる一般人女性」という設定をもち、「ですわ」口調で話す。しかし、そのような外見から想像されるキャラクターだけではなく、ネットスラングなどもちりばめた話題豊富な配信が視聴者を惹きつけているのも事実である。つまり、私たちは外見から想像させるキャラだけにVTuberの個性を感じるわけではないのだろう。

では、このような個性は「中の人」の人柄からきているのだろうか? たしかに、公式のキャラ設定と「中の人」の人柄が同じというVTuberもいるだろうが、そうでないVTuberも多いだろう。元気だというキャラ設定のVTuberが、「中の人」の人柄が表に出てしまい、あまりにも「らしくない」ネガティブな発言ばかりしていても、それに心惹かれる視聴者は少ないだろう。つまり、私たちがあるVTuberに魅力を感じているとき、私たちは決して「中の人」の人柄をVTuberの個性として楽しんでいるわけではないといえる。

そう考えると、私たちが見ているVTuberの個性は、「中の人」の人柄ではなく、外見から想像されるキャラでもなく、それらのグラデーションによってつくられるオリジナリティあるその人らしさであるといえる。視聴者のなかにはキャラ設定に忠実な性格を好む者もいるだろうし、そのような視聴者が好むVTuberは、「中の人」の個性があまり見えないように絶妙なコントロールをしながらロールプレイをし、そのコンテンツを世に届けているだろう。また、反対に中身が見えすぎるくらい見えるのを好む視聴者もいるだろう。そのような視聴者は、外見が美少女であっても、声がおじさんで世知辛い内容を話すものを好んだり、アイドルみたいな見た目で歌も歌えるけど、中身は芸人のように面白い少し内輪な雑談をするものを好むかもしれない。私たちがその人らしさとして捉えるVTuberの個性にはこのようにグラデーションがあり、そうしたグラデーションの幅広さが多くの視聴者に訴求しているのかもしれない。

そして、何よりもVTuberの個性は、固定したものではなく、視聴者との関係性のなかで大きく変化する。最初は丁寧語のみだった対応が徐々に砕けていくというのは日常生活でもよくある話だが、これはVTuberの配信でもみられる傾向であり、親近感の深まりとして連続性が感じられるものである。

一方で、VTuberの個性の変化が連続性によらず唐突に起こる場合もある。アニメキャラであれば、公式設定からその個性が動くことはないし、「中の人」の人柄も、人である以上、もともとの人柄が本質的に大きく変わるものではない。けれども、VTuberのその人らしさは、キャラ設定と「中の人」の人柄というパラメーターのグラデーションでできている。そのため、「中の人」が設定をうっかり忘れてしまったり、ある時点から意図的になかったことにしたり、リスナーにウケがよかった要素を大きくしたりすることで、VTuberとしてのその人らしさが変化することも多い。そしてファンたちもそのような変化を驚くほど受け入れていることを目にする。配信中にうっかり暴言が出るなど、中の部分が見えすぎて炎上したり、それに逆ギレしたりすることもあるが、このような炎上も「むしろアリ」と受け入れられることもある。これは、VTuberの個性がキャラ設定と「中の人」の人柄というパラメーターのグラデーションであり、ときに唐突に「中の人」が現れてしまうことを視聴者が知っているからだろう。もちろん生身のアイドルではそうもいかず、どのような発言も、キャラと「中の人」が一致していることが暗に求められている。

一方で、これだけVTuberという文化が広がってきているからこそ、一言でVTuberの魅力を語ることは難しい。たとえば、ホロライブなどといった大きな事務所に所属しているVTuberを推している層と、個人勢のVTuberを推している層は重ならない部分も大きいだろう。

VTuberの数は前述のように増えてきているが、そのうちの多くは個人勢のVTuberである。とくに二〇一八年以降はバーチャルライバーグループ「にじさんじ」などの影響から「VTuberといえば3Dで動画投稿」といった固定観念が一新され、ライブ配信を中心に活動する2DのVTuberが増えたといわれている。個人が配信できるプラットフォームも整備され、その参入障壁は大きく下がったといえるだろう[3]。

VTuberになりたいと思った子どもたちに話を聞いてみると、自分自身の容姿が関係ないという点がその動機として語られることも多い。現実の世界においては、自分の容姿に自信がもてなくても、なかなかそれを変えることは難しい。けれども、仮想世界においては、誰もが好きな顔や姿を選んで活躍できるし、なりたい自分として生きることができる。また、VTuberとして活動している子どもが配信では「自分らしく話せる」ということを、その魅力として語ることも多い。この場合のVTuberとしての個性は、本来の自分の人柄、つまり「中の人」の人柄の成分が多いものとなっているのだろう。実際に彼らの配信を聴いていると、今日の出来事を語ったり、日々の勉強のことを語ったり、ときには日常の愚痴を語ったり、視聴者が聴きたいと言った歌を歌ったりと、この世代の子ども同士の日常的な会話そのものであり、視聴者もそのような話に相槌を打ったり、コメントを返したりしている。有名なVTuberのライブのように、大きな金額の投げ銭が飛び交うような世界ではないが、そこには視聴者にとっても、そしてVTuberである彼や彼女にとっても、小規模な配信ならではの小さな居場所があるといえるだろう。

Ⅳ

発達障害とゲーム・ＳＮＳの世界

第10章 自閉スペクトラム症の子どもたちとSNS

一四〇文字のなかに自分の大好きなことをつめこむ。しばらくすると誰かの反応がスマホに届く。画面をスクロールすれば、みんな大好きなものを一四〇文字のなかにつめこんでいる。僕もそっと「いいね」「見たよ」と反応を返す。そんな大好きなものでつながることができるやさしい世界が、そこにはあるのかもしれない。

ＡＳＤと思春期の友だち関係

自閉スペクトラム症（Autism Spectrum Disorder：ＡＳＤ）は、さまざまな状況における①社会的コミュニケーションや対人相互反応の障害、②特別な興味や限定された常同的もしくは反復的な行動様式によって特徴づけられる神経発達症（いわゆる発達障害）の一つである。ＡＳＤ

の子どもたちは、学校環境において友だち関係の維持に苦労しやすいことが知られている。子どもたちの友だち関係にはライフサイクルに応じて変化がみられ、思春期には「共通の行動」や「共通言語」が重要視されるようになってくる。ここでいう「共通の行動」とは、『フォートナイト』や『エーペックス』などのゲームを一緒にプレイするといったように同じ遊びが共有できることを指し、「共通言語」とは、アイドルやゲームなど同じ趣味をもつ仲間内だけで通じるようなやりとりを指す。つまり、思春期の友だち関係には、同じことができ、同じことに関する会話ができるという高い同調性が求められるとともに、そこに加われない子どもは仲間集団から外されてしまうという排他性が存在するといえる。そういった背景から、思春期の定型発達の子どもたちの多くは自身のコミュニティの流行に敏感であり、そのような流行を自分の言動に反映させることを好む。一方で、そういった子どもたちが、「そうしないとグループから外されるかも」といった不安から、流行に遅れまいと必死になるケースも珍しくない。

ＡＳＤの子どもが思春期の友だち関係で苦労する背景はいくつかあるが、そのうちの一つは、思春期の友だち関係のなかには明文化されていないルールがあることだろう。たとえば、教室の入り口で「おはよう、昨日何してた？」と友だちに聞かれたとき、尋ねた側は、相手が何をしていたか詳細に知りたいわけではない。ただの挨拶であり、「ゴロゴロしてた」とか「出かけていた」とか、それくらいの定型的な返事をすることが求められていることも多い。しかし、ＡＳＤの子どもは、このような言葉に対して、前日の過ごし方を詳細に伝えてしまったり、真面目に答えようとするあまりどうやって伝えればよいか考え込んでしまったりして、相手の求めるコミュニケーションとすれ違いが生じることがある。

ＡＳＤと選好性

また、ＡＳＤの当事者は選好性に関してマイノリティであり[1]、「特別な興味（special interests）」という特定の対象への強い関心をもつことが知られている。選好性の観点からは、「特別な興味」は本人が自発的に、それが好きだからという理由で、周囲からの評価の影響などを受けずに選んだ対象である。ＡＳＤの子どもは定型発達の子どもと比較して、サッカーなどの活動的な遊びよりもゲームを好むこと[2]や、ゲームに関しても他者とコミュニケーションをとらず一人で遊ぶ場合が多い[3]ことなどが報告されているが、そうした傾向もこの選好性の観点から理解できる。

実際に、周囲で流行しているゲームには目もくれず、楽しそうに『パックマン』などのレトロゲームをプレイする子どもや、周囲では『エーペックス』が流行しているなか、一人だけアーケードで『太鼓の達人』に明け暮れるなど、特別な興味を大事にするＡＳＤの子どもは多い。つまり、ＡＳＤの子どもはその選好性ゆえに思春期の友だち関係で求められる「共通の行動」や「共通言語」に振り回されることがない。一方で、自分の好きなものについて自由に語ることができる場を見つけられず、自分が孤立していることに気づき、そのことを悲しむ

ＡＳＤの子どももいる。

ＡＳＤの子どもとＣＭＣ

このように、ＡＳＤの子どもは共通の趣味などがないために現実の友だちとのコミュニケーションに苦労することも多いのだが、ＣＭＣ（Computer-Mediated Communication）などのインターネットを介したコミュニケーションはどうであろうか？　ＣＭＣとは、コンピューターを介したコミュニケーション、すなわち電子メールやテキストメッセージ、Facebook や Instagram などのＳＮＳ、WhatsApp や Skype など、コミュニケーションを目的とした電子機器の使用を指している。とくにテキストメッセージやメールの送受信は、気が散ることの少ない安全な距離からの交流が可能であること[4]や、表情の読み取りなどＡＳＤの子どもや青年にとって苦手な非言語コミュニケーションが不要であること[5]などから、彼らにとって利用しやすいツールであると考えられていた。

しかし、実際にはＡＳＤの青年の六四・四％が電子メールやチャットなどを利用しておらず、六四・二％が余暇時間をテレビやビデオゲームなどにあてており、余暇時間にチャットやメールなどを利用する者は一三・二％に過ぎないという報告[6]や、ＬＩＮＥの送受信をした友人の数や Instagram への投稿数とＡＳＤ特性とのあいだに負の相関がみられたとする[7]報告もあり、インターネットを介したコミュニケーションだからといってＡＳＤの子どもたちに向いているとは限らないのかもしれない。

　また、このようなＳＮＳやＣＭＣの利用の量的な差異だけではなく、ＳＮＳを利用する目的にも違いがあり、ＡＳＤでは、新しい友だち関係を探し、「自分の趣味に関するディスカッショングループに参加する」ことを楽しむのに対し、定型発達では、家族や友人と親しくするなど既存の人間関係やつながりを維持するためにインターネットを利用していることが示唆されている。[8]

　中高生において、ＬＩＮＥは、クラスやクラブ活動など現実の人間関係の延長で使われることも多く、つながりを維持したり、確認したりするために利用されるＳＮＳの代表であろう。このようなＳＮＳでは、もともと現実世界での交流があればあるほど、ＳＮＳでの交流も活発になりやすく、rich get richer model[9]と呼ばれる仮説に馴染みやすいものだといえる。また、ＬＩＮＥではリアルのコミュニケーションよりもスタンプのほうが早いかもしれないくらいに同時性、即応性が求められる。ときどき、クラスのＬＩＮＥ上などで何を発言すればよいのかわからずに無関係なスタンプを返してしまうＡＳＤの子どももいるが、ＬＩＮＥでは無関係な話題を唐突に始めるとひんしゅくを買ってしまうなど、グループ内の雰囲気を忖度することが求められることも多い。彼らには「話すことがないときは、見ているだけでも意外と大丈夫」「無関係なスタンプは人間関係にも影響するしやめておこう」といった心理教育も大切になる。その一方で、発言をしないことでその場にとどまることができたとしても、ＳＮＳは本人にとって疲れやすい場の一つになりやすく、過剰適応には注意が必要である。

趣味でつながるＳＮＳ

ＡＳＤの人たちが自分の趣味に関するディスカッショングループに参加することをＳＮＳに求めていることを考えると、彼らに好まれるのはＬＩＮＥなどのつながりを維持するためのＳＮＳではなく、趣味でつながるＳＮＳや小説投稿サイト、掲示板や趣味に関するブログなどでの交流かもしれない。そのような背景からＸ（旧 Twitter）などのＳＮＳで趣味のアカウントをつくるＡＳＤの子どもも多いのだが、彼らはしばしばそこでの交流に戸惑うことにもなる。たとえばＸは匿名性や拡散性がその特徴であり、それゆえに知らない他者から批判的な返信（リプライ、リプ）がなされることや、炎上と呼ばれる事態が起こり得る。炎上がＸに多いことはよく知られているが、Ｘは考え方が似ている集団が形成されやすく、サイバーカスケードが起こりやすいことがその背景として考えられている。[10][11]

ＡＳＤの子どもや青年は、思考の柔軟性の低さもあり、批判的な返信やちょっとした炎上を「世の中のみんなが自分のことを嫌っている」と捉えてしまいやすい。そのような際には、①図などを用いながら「批判的な返信は世界の総意でない」ということを一緒に考えるとともに、②ネガティブな思考に陥らないために今できる具体的な行動について考えるような心理教育を行っていく必要がある。

一方で、現実とつながったＬＩＮＥのやりとりでは過剰適応していたＡＳＤの子どもも、趣味でつながるＳＮＳのなかでは、自分の特別な興味を通じて、趣味嗜好の合った友だちを見つけ、そこが居場所となり、そっと押される「いいね」やあたたかいリプにこころが救われることもある。このような趣味のアカウントにおけるコミュニケーションの利点として、距離や年代が離れていても自分と同じ特別な興味や趣味嗜好が合った他者を見つけやすいことや、非同期的なコミュニケーションであるがゆえに返信するための時間を確保できることなどが挙げられる。ＡＳＤの子どもが、ディスカッションができるような共通の趣味をもつ友だちと同じクラスのなかで出会うことは難しいかもしれないが、趣味でつながるＳＮＳでは、しばしばそのような友だちと出会うことができる。

〔事例〕友だちがほしくてお金を配ってしまったタケル君

タケル君、初診時一二歳、男性。両親、姉との四人暮らしで、祖父母も近くに住んでいる。主訴は「友だち関係がうまくいかない」（本人）、「友だちにお金を配っている」（両親）。

受診までの経緯

三八週、二九一六gで出生。乳児期の運動発達に遅れはない。出生直後は視線も合っていたように思うが、一歳ごろから視線が合わないこと、母親からの呼びかけに反応が乏しいことに気づかれた。一人遊びのときは機嫌がよいが、母親がかかわろうとすると背中を向けることも多かった。一歳六ヵ月時の乳幼児健診では、発語を認めず、指さしなどもなく、他者への興味も少ないことから療育機関に通うことを勧められ、一歳九ヵ月から通所を開始した。

二歳ごろになっても共同注意や呼名応答などは認められず、母親のそばを平気で離れてどこかに行ってしまうため、外出先では片時も目が離せなかった。三歳のときに大学病院でＡＳＤと診断を受けたが、その後は通院しなかった。

年少から保育園に入園したが、他の子どもに関心を向けることなく、黙々とミニカーを並べて遊ぶことが多かった。集団活動には関心を示さず、騒がしいと教室から出ていくことも多かった。三歳半ごろから語彙が増え、親が教えていないのに車の名前や自動車メーカーをたくさん覚え、その名前をひとりごとのようにつぶやいた。自動車の広告やチラシなども好きであり、車のパンフレットをもらうことを好んでおり、週末にはカーディーラーに出かけるのがルーティンになっていた。

小学校は特別支援学級で学んだが、他児からの干渉を嫌い、泣いて教室の外に飛び出すことも多かった。高学年になり、交流学級で過ごすことが増え、他の子どもへの関心もみられるようになった。しかし、他の子どもが車の話をしていると、割って入り、車の解説を始めてしまうため、他の子どもから「あっち行って」と言われ、「なんで入れてくれないの？」「せっかく教えてあげたのに」と泣く日もあった。それでも「友だちがつくりたい」と思い、「仲良くしてくれたらお金をあげる」と母親の財布からお金を盗み、交流学級のクラスメートをゲームセンターに誘って遊ぶようなことがあった。そのことがクラスメートの保護者に知られ、学校からの連絡で、タケル君の両親の知るところとなった。両親が本人を問い詰めても、泣いて黙ってしまうばかりで埒があかず、それ以来親子での会話もほとんどなくなった。なんとか学校には行くものの、ふさぎこんで口を開かない子どもを心配した両親とともに来院した。

初診時の様子

両親とともに入室。カバンのなかに『頭文字D』の漫画本を持っている。最初に「ここは怒られる場所ではないこと」「タケル君が困っていることをどうしたらいいか一緒に考えたいこと」「話したくないことは話さなくてもよいこと」などを伝えたところ、本人が一人で話をすることを望んだため、両親にはいったん退室をお願いした。面接のなかでは、タケル君は質問に淡々と静かな調子で答えるが、話が『頭文字D』に及ぶと饒舌になり、好きな車について語る。「先生も昔読んでたよ」と伝えると、「どの車が好き？」と言うので、「イツキの車。何だっけ、ハチゴーだっけ」と答えると「えー!? ハチゴー？」と不満そうである。

友だちにお金を渡した背景に話が及ぶと、涙ぐみ、「友だちができない」「僕が話すとみんな

『あっち行って』って言う」「お金をあげたら仲良くしてくれると思った」と言う。「友だちほしかったんだね」と伝えると、うなずきながら泣いている。両親には「怒られるから言いたくない」と言うので、「お母さんお父さんは親子で話せないことを心配して来てくれたから、先生と一緒に話して、謝れば怒られないと思う」と伝えた。

診察室に戻ってきた両親に、本人がみずから「僕は友だちができない」「友だちがほしかった」「お金を盗ってごめんなさい」と話した。筆者からは、改めてＡＳＤの特性について伝えたうえで、ＡＳＤの子どもが思春期に至り、「友だちをつくりたいと思っても、どんなふうに振る舞ったらよいのかわからず、うまくいかない場合があること」「今回の行動はそういった状況で本人なりになんとかしようとした対処行動だと思われること」を伝えた。両親はタケル君と筆者に「もともと怒ってなかったし、理由がわかってすっきりした」「次からは相談して」と笑顔で話し、タケル君は安心して帰宅した。

その後の経過

中学校入学後に宿泊研修があった。グループのなかで交流を深めるために、各自が好きなものについて語る場があったが、タケル君がそこで好きな車の話をすると、他の生徒から「話が長い」「ダサい」と言われてしまうという出来事があった。タケル君は翌日から「どうやって話していいかわからない」と言い、ふさぎこみ、学校に行けなくなった。二週間後の診察時に涙を流したことから「学校で何かあったの？」と尋ねると、「ダサいって言われた」と、宿泊研修の出来事や、「最近夜も眠れない」「学校はあまり行きたくない」という思いをぽつぽつと語った。

本人と両親に「夜眠れないことはＳＯＳのサインである」こと、「今のまま学校に行こうと思うところが疲れちゃうから、今はお休みをしよう」ということを伝え、了解を得たうえで学校と連絡をとり、いじめへの対応をお願いした。その後も学校に行けない日々は続いたが、両親は彼をあたたかく見守るとともに、サーキットなど彼の好きな趣味の場所などには連れ出すようにしていた。

中学二年になるとタケル君は「学校、頑張ってみる」と言い、少しずつ登校を再開するようになった。本人は時折「疲れてだるい日がある」と語り、ぽつりぽつりと休むこともあったので、筆者は「休むことも大事なんだよ。体がだるいのはＳＯＳのサインだよ。そんなときは休んだほうがいいんだよ」と伝えていた。中学三年になると受験を意識するようになり、学校を休むことは少なくなったが、「僕には友だちがいない」「ゲームセンターに行って、走り屋のゲームで走るのだけが今の楽しみ」「いつか友だちできるかな」と語っていた。「いつか同じ趣味の人が見つかるし、きっとそういう人と仲良くなるよ。タケル君はこのまま車が好きな気持ちを大事にしてね」と返すと、「いつか、僕もハチロク買って走りたい」と笑顔で語っていた。

高校入学後、一時は友だちができたが、音楽の話などについていけず、しだいに疎遠となり、学校では孤立した状態が続いていた。診察では学校での疲れを吐露しながら、「ゲームセンターに自分らしさを求めている」「先生が言ってたＳＯＳのサインが出たときに、こころのメンテナンスのためにゲームセンターに通っている」と話し、走り屋のゲームをするためにゲームセンターに通っていた。

高校はなんとか卒業し、専門学校に入学した。運転免許を取得し、自分でカスタムを楽しむことができる軽自動車に乗るようになった。そのころからＳＮＳで同じ車に乗る人をフォローし、交流を始めた。同じ趣味をもつ相互フォローの関係にある人からパーツを譲り受け、自分の車をカスタムした写真をアップし、いくつかの「いいね」や「格好いい」などのコメントを受け取るようになった。

このようにＳＮＳ内での交流はだんだん親密になっていったが、専門学校では、友だちらしい友だちはなかなかできなかった。ある日、「早くしろ、ノロマ」とクラスメートから言われたことで怒りが抑えられなくなり、黙って学校から帰宅した。イライラした様子で「車で走りにいってくる」と言う彼を母親はなだめ、翌日、母親はタケル君を連れて診察室へやってきた。診察室では「いつもバカにされるから、我慢していたけど、怒りで我慢の限界だった」「怒るとスピードを出したくなる」「峠で車を追い抜きたくなる」と語った。「今回みたいに嫌なことがあったときに怒りが湧いてくるのは当たり前の感情」であること、「怒りのままに運転すると、事故を起こしそうなので心配」であることを伝えたうえで、怒りという感情や適切なコーピングについて話し合った。話し合いのなかで『頭文字Ｄ』の主人公もさ、怒りながら運転していないよね？　むしろとっても冷静でクールじゃない？」という話題には、「そう思う」と大きくうなずいていた。

「安全運転で行きたいところ、行けるところ」について考えた回では、「峠ですかね。僕がフォローしている人にも、いろんな峠を回ってステッカーを集めている人がいるんです」と話した。

ある日の診察で彼は「今度フォロワーの人たちが○○峠に行くので、僕も合流したいと思ってるんです」と語った。同席した母親は当初「ＳＮＳのなかの人に騙されていたら……」と心配そうだったが、タケル君が熱心に同じ趣味の仲間であることなどを説明し、母親の許可がおりた。峠でのミーティングは非常に楽しく、記念に峠ステッカーを購入し帰宅した。次の診察では、「今度は一人でも峠に行ってみる」と語り、峠ステッカーのコレクターとなった彼は、ときに一人で、ときにＳＮＳの仲間に会いに峠に出かけるようになった。毎回の診察では峠の駐車場に停めた車や風景の写真、そこで出会った仲間の車の写真や、その峠でしか買えないステッカーを見せてくれた。

専門学校の卒業間際には、勉強の苦しさから、学校を辞めてしまおうと考える時期があった。気分転換に、ある峠まで走ろうと思い、今の自分の心境を投稿したところ、ＳＮＳで交流のある友だちが合流して、彼を励ましてくれた。「仲間に救われました。学校に行くと勉強が大変で、すぐにエネルギーが尽きるかもしれないけど、今は頑張りたい」と診察で語った彼は、その後無事に専門学校を卒業することとなった。

現在、彼は就職しているが、今でも足繁く、そして、安全運転で峠に通っている。もちろん、ＳＮＳを通じて知り合った仲間とのやりとりも続いているようであり、診察室では今でもさまざまな峠で撮影した仲間の車の写真を見せてくれる。

ＡＳＤの子どもとＳＮＳという居場所

タケル君は幼少期には他の子どもなどへの関心があまりない子どもであった。一般にＡＳＤの子どもは、友だちなどの社会的な関係への志向性が低いと思われがちであるが、思春期が近づくにつれて、友だちがほしいと思うようになることも多い。けれども、うまく文脈を読み、会話の流れに入ることが難しかったり、ついつい自分の好きなことについて語りすぎてしまったりするなど、相互的な会話の苦手さなどから、友だち関係の維持には苦労しがちである。タケル君も思春期が近づくにつれ、「友だちをつくりたい」と思うが、どのように友だちをつくり、関係を維持したらいいのかわからずに、「仲良くしてくれたらお金をあげる」とゲームセンターに誘うなどの行動をとっているが、これは彼にとって悩んだ末の対処行動の一つといえるだろう。

中学校では、クラスメートから自分の大好きな車の話題に関して「話が長い」「ダサい」と言われたことを機に学校に行きづらくなり、高校でもクラスメートたちが好きな音楽の話などに興味がもてないことから、しだいに関係が疎遠となっている。このようにＡＳＤの子どもは現実の同調性が求められる人間関係でうまくいきにくく、学校内で居場所をなくしやすい。

そのような中高時代のタケル君を支えたものは、彼の「特別な興味」である車やゲームセンターにある走り屋のゲーム、そして、そのような彼の「特別な興味」に肯定的な眼差しを向け、学校に行きづらい時期には彼の好きなサーキットに連れていき、ゲームセンターに行くことを快く許可していた家族であろう。

やがて、実際に車に乗るようになった彼は、同じ趣味をもつ仲間と出会うようになる。ＳＮＳでのつながりは当初、挨拶や日常的な会話のようなものであったが、峠でＳＮＳ内の仲間と出会ったことを機に、しだいにＳＮＳは居場所としての色彩を帯びるようになった。やがて、ＳＮＳのなかだけではなく、仲間と出会うことができる現実の峠まで居場所は広がっている。専門学校時代の苦しい状況を救ったのは、彼の投稿を見て、居場所としての峠で合流してくれたＳＮＳの仲間であろう。治療者である筆者は、そんな彼の大好きな車に肯定的な眼差しを向けながら、彼の語ることに耳を傾け続けただけである。

選好性という観点からみると、多数派である定型発達の子どもは他者からの影響を受けて好きなものが広がっていく。友だちが「仮面ライダー」を好きだと言えば、その日から自分も「仮面ライダー」好きになったりするし、親友が推しているアイドルをその子の〝布教〟の影響を受けて大好きになったりもする。つまり、定型発達の子どもや青年は、自分が好きな人や自分自身を肯定的に受け止めてくれる人を中心として、居場所ができ、その影響を受けて好きなものが広がっていく。

これに対して、ＡＳＤの子どもは他者からの影響を受けにくく、好きなものが広がりにくい。

けれども、自分の「特別な興味」に関心を示してくれる人や、同じ「特別な興味」をもつ仲間とディスカッションをするなどの交流を重ねるうちに、その人を好きになり、しだいに彼らにとっての居場所は広がっていく。そんな彼らの余暇支援の方法の一つとして、「参加者が順番に自分の好きなアニメ・漫画・ゲーム等の単行本やグッズ、イラストなどを画面に出しながら、順番に、持ち時間の中で、自由にトークをおこない、仲間同士で話題を共有する」といった「趣味トーク」というものもある。[13] ＡＳＤの子どもにとっての居場所が「特別な興味」や好きなことを介して広がるからこそ、このような大好きなことを誰からも批判されることなく安全に語ることができる場が、ＡＳＤの子どもにとって居場所になり得るのだろう。

第11章 自閉スペクトラム症の子どもたちとゲームの世界

僕が大好きなものの話をすると、みんなつまらなさそうだ。僕は何を話したらいいんだろう？　僕だって大好きなもののことを話したい。僕の大好きなものを大好きな人はいるのかな？　僕が大好きなことを話せる場所はあるのかな？

ＡＳＤの子どもたちの趣味や余暇活動としてのゲーム

第10章でも触れたように、ＡＳＤの子どもたちは、たくさんのものごとのなかから何を選び好むかといった選好性に関して、他者や社会からの影響をあまり受けない。彼らは自発的に「それが好きだから」といった理由で対象を選ぶことも多く、自身の「特別な興味（special interests)」をとても大切にしている。「特別な興味」の対象は、鉄道や、『プリキュア』などの特定のアニメ、スーパーなどで目にする「呼び込み君」や「ワニワニパニック」から『パックマン』といった特定のゲームタイトルまで非常に幅広く、診察室で出会うＡＳＤの子どもたちも、自分の大好きなものについて楽しそうに語ってくれる。そんな子どもたちに「いつも楽しそうに話してくれて、先生も元気が出るよ、ありがとう」などと返すと、「だってさ、学校ではこういうこと話せる子いないもん」とちょっと寂しそうな顔を見せることもある。

　ＡＳＤの子どもたちの余暇活動については、「徹底的に興味のある題材に関する会話」が前景を占める対人関係が重要であり、そのなかで子どもたちが「自分の真の居場所を得た」と語る姿も報告されている。[1]一方で、自分の大好きなことについて思いきり話ができることはＡＳＤの子どもたちにとって喜びとなることはたしかであるが、それは現実のコミュニティのなかで、そのような話ができる友だち関係が少ないことを意味しているのかもしれない。

　ＡＳＤの子どもたちの趣味や余暇活動に関する調査によれば、その趣味が定型発達の子どもたちとは異なることが報告されており、定型発達の子どもたちに比べて活動的な遊びを好まず、ゲームを趣味にしている割合が高いことが指摘されている。[2]このようなゲームにはオンラインのものもオフラインのものもあるが、ＡＳＤの子どもの多くは小学生のうちにオンラインゲームに出会っており、小学校高学年では七七・五％がオンラインゲームをプレイしている。[3]ＡＳＤの子どもたちが好むゲームは「特別な興味」の数だけあるといってよいほど多岐にわたり、周囲の流行に流されることなく特定のゲームをプレイする子どもも多い。

ＡＳＤとゲーム行動症

近年では、国際疾病分類の第一一回改訂版であるＩＣＤ‐11に行動嗜癖として「ゲーム行動症（Gaming Disorder）」が収載されたこともあり、ゲームには少し厳しい視線が向けられるとともに、ゲームと発達障害との関係性も注目を浴びている。ゲーム行動症とは、①ゲームに対するコントロールの障害があり、②他の生活上の関心や日常活動ではなくゲームが最優先となり、③否定的な結果が生じていてもゲームを継続もしくはエスカレートさせており、その結果として④個人、家族、社会、教育、職業などが障害され重大な苦痛を伴っている状態が、⑤少なくとも通常は一二ヵ月以上継続するものと定義づけられている。[4] ゲームを「おしまいにするのが難しい」「長時間継続する」といった項目はコントロールの障害として診断基準に含まれるかもしれないが、ゲーム行動症として診断するためには他の項目も満たしている必要があるため、多くの大人が思っているよりもゲーム行動症の概念は狭いといえるだろう。また、ＩＣＤ‐11ではゲーム行動症と「危ないゲームの仕方（Hazardous Gaming）」を区別することが求められており、多くの大人が心配する「ゲームのやりすぎ」はこの「危ないゲームの仕方」に含まれる可能性がある。

ＡＳＤとゲームやインターネットへの嗜癖との関連については、ＡＳＤの子どもや青年は長時間ゲームをするのを好むことや、[5][6] ＡＳＤの男児はゲーム行動症のスコアが高いことなど[6]が報告されている。しかし、社会コミュニケーションの障害や特別な興味、限定された常同的もしくは反復的な行動様式といったＡＳＤの中核的な特性がゲーム行動への嗜癖に直接的に結びつくわけではなく、その情動調節の困難が学校などにおける不適応へとつながり、結果としてオンラインゲームに嗜癖的になることが示唆されている。[7] 一方で、ＡＳＤと行動の嗜癖との関連については、他のメンタルヘルスの問題などが併存していることも多いため、本当に意味のある関連なのかについてはまだ議論がある。[8]

ＡＳＤの子どもたちがゲームの世界で悩むこと

ボイスチャットをめぐる悩みごと

最近の子どもたちはしばしばボイスチャットなどを利用して、友だちと会話しながらゲームをするが、そのなかで苦労をしているＡＳＤの子どもも少なくない。ＡＳＤの子どもは情動の調節が苦手なこともあり、「ボイスチャットで煽られて腹が立って、コントローラーを投げちゃった」といった話も聞かれる。また、ＡＳＤの子どもは特定の言葉に敏感に反応してしまうこともある。「ボイスチャットで誰かが『残念』って言うたびにパニックを起こしてしまう」といった具合に、その言葉が自分に向けられていない場合にも、しばしば情動は刺激され、不安定になることがある。さらに、「ボイスチャットで誰かが暴言を言って、雰囲気が荒れるとパニックを起こす」といった具合に、他者のネガティブな感情が自身に直接影響を与えることもある。内海はフリスを引用しながら、定型発達の子どもは「エンパシー」（他者の「こころ」に対する共感、より論理的で社会的な共感）が「シンパシー」（「こころ」を介さない、無媒介で自他未分的・地続き的な共感、むしろ「共鳴」といえるもの）に取って代わるが、ＡＳＤにおいては「シンパシー」が保たれ、自然環境と地続きであるとしている。[8] このように「シンパシー」が優位であるからこそ、ＡＳＤの子どもたちは特定の言葉やボイスチャット内の荒れた雰囲気などにも直接共鳴してしまい、それを言語的に表現することが困難であることから、パニックなどに至っていると考えられる。

また、ボイスチャットのなかでは「右来るよ、行ける？」「そこ射線切らないと」など曖昧な言語情報が飛び交うとともに、それに対する応答や対応を素早く求められる。ＡＳＤの子どもたちは即応的な社会コミュニケーションが苦手なこともしばしばあり、これらのボイスチャットをめぐる苦労が、仲間関係をつくらずソロプレイを楽しむＡＳＤの子どもが多いという結果[6]につながっているのかもしれない。

負けたときの悔しさとどう付き合う？

ゲームとは、「プレイヤーがルールで定められた人工的な対立に参加するシステムであり、定量化できる結果が生じるもの」とされている。つまり、ルールがあって、何らかの対立構造があり、スコアや勝敗など結果が明確にわかりやすいものがゲームと定義されている。[9]

たとえば、シューティングゲームでは、プレイヤーvsコンピューターなどの対立構造があり、敵があるルールに定められた動きをし、それを撃つことにより得点するという定量化された結果が生じている。また、最近のオンラインゲームはＰｖＰ（player vs player）、つまり、対人戦の要素があるものも多い。プレイヤーvsコンピューターであれば、手詰まりになったとしても、感情を大きく揺さぶられることなく「どうやったら勝てるだろう」と冷静に考えることもできるだろう。これは、迷路をゴールに向かって試行錯誤しながら進むことに似ている。もちろん、うまく進まないときにフラストレーションは感じるものの、そこに怒りなどが生じることは少ない。全然ゴールにたどりつけなければ「こんなのクリアできっこない」と諦めてしまうこともできる。そこにはつまらなさはあるが、感情の爆発などはない。

けれども、ＰｖＰのように、敵キャラの向こうに実際に人がいる場合には、事情が異なってくる。とくに運の要素が少ない格闘ゲームや、ＦＰＳやＴＰＳなどのＰｖＰ要素があるゲームでは、勝ち負けに感情が大きく揺さぶられる。そして、そのゲームに夢中になっていればいるほど、感情はより激しく揺さぶられることとなり、ときに怒りの爆発にもつながる。「高校野球のように、負けたとしても相手を称えればいい」と思うかもしれないが、「称えるべき」とされる相手は画面の向こうにいる誰かであり、目の前にいない。対戦相手が目の前にいれば、「おまえうまいな！」「おまえもな！」といった、ありし日のゲームセンターのようなやりとりが交わされるかもしれないが、そんなことはない。ましてや、目の前にいない相手は何を考えているかわからない。「下手くそと思われた」「バカにされた」「あいつはズルしてる」などのネガティブな気持ちが込み上げてきて、怒りの爆発につながりやすい。ＰｖＰ要素のあるゲームでは、勝った側の感情も大きく揺さぶられる。コンピューターではなく、どこかの誰かに勝ったからこそ、喜びもひとしおである。「自分は最強」といったどこか驕った気持ちが湧き上がり、結果的に相手をリスペクトしない言葉が出てしまうこともある。目の前に対戦相手がいないので、「言いすぎた」と訂正することもできない。こういった言動が負けた側の感情をさらに激しく揺さぶることになる。以上のように、ＰｖＰ要素のあるゲームは、勝敗がはっきりとしていることや他者との双方向性がありながらその相手が目の前にいないことなどから、負けたときの悔しさが大きくなりやすいことが推察される。

ＡＳＤの子どもたちはしばしば情動の調節が困難であり、対戦に負けてしまったときに感情が揺さぶられて怒ってしまうことも多いことから、自身の怒りに関する心理教育を行うとともに、その子どもが実際にできそうなコーピング方法（負けたときには負けた画面を見続けない、何かを一口飲むなど）を一緒に考えることが、臨床上必要になってくる。そのような心理教育を行っていく際には、本人の動機づけが大切なのは言うまでもない。「怒っちゃダメ」と叱ったり、ゲームを取り上げたりする対応は大人との対立を深めてしまうことも多く、心理教育はますます難しくなる。だからこそ、どうやったら強くなれるのかを一緒に考え、冷静なときほど勝率が高いことに気づいてもらうことなどを通して、本人がみずから「冷静になりたい」と感じることが目標になる。

仲間関係をめぐる悩みごと

ＡＳＤの子どもたちは、オンラインのコミュニティでの人間関係を維持することが難しいこともしばしばある。たとえば、大規模な多人数同時参加型のオンラインロールプレイングゲーム（ＭＭＯＲＰＧ）においては、仲間との協力関係がゲーム上重要であることもあり、コミュニティがつくられることが多い。このようなコミュニティにはＰｖＰなどを好むプレイヤー（キラー）、コツコツ攻略することやアイテム収集を好むプレイヤー（アチーバー）、新しい攻略法などを探し求めて情報交換するプレイヤー（エクスプローラー）、ただただおしゃべりを楽しむプレイヤー（ソーシャライザー）など、さまざまなスタイルのプレイヤーが集まることが知られている。[10]

コミュニティ内の会話は、テキストチャットなどが用いられることも多いのだが、ネット特有の羨望や嫉妬、ちょっとした言葉の行き違いからトラブルに発展することもしばしばある。ＡＳＤの子どもたちはルールに対して非常に真面目であることも多く、「二一時にミーティングをする」と決まっていれば、それを守ることに一生懸命になるあまり日常生活をおろそかにしてしまったり、遅刻した他者に「どうして遅刻したんですか？」と悪意なく質問しトラブルになってしまったりすることもある。また、「クエスト中は私語禁止」などコミュニティのなかに明文化されていないルールが存在する場合もあるが、そのようなルールを読み取ることが難しく、対人関係をめぐるトラブルに発展することもある。

大好きなものが肯定される世界を求めて

ＡＳＤの子どもたちの「特別な興味」は、周囲からの影響を受けずに、自分が見つけた宝物である。多くの定型発達の子どもたちは周囲からたくさんの影響を受け、好きなものがどんどん広がっていくが、ＡＳＤの子どもたちは「シンパシー」優位で環境と地続きだからこそ、周囲の子どもの影響を受けずに、環境のなかで偶然にも出会った宝物を大切に育んでいく[8]。だからこそ、たとえばクラスでポケモンが流行してもまったく興味を示さず、一人だけ水晶を集めることに夢中になったり、流行していないゲームに夢中になったりできるのである。

そんなＡＳＤの子どもたちも、やがて知識を得て、他者の視点を少しずつ知るようになる。その過程で自分の大好きなものを語る場がないことに気づき、「僕には好きなことを話せる友だちもいない」と落ち込むＡＳＤの子どもも診察室ではしばしば見かける。

〔事例〕「僕には友だちがいない。ずっと一人」と語ったコウキ君

コウキ君、初診時九歳、男性。主訴は「学校に行きたくないと言う」（母親）、「友だちができない」（本人）。

受診までの経緯

乳児期の運動発達に遅れは認めなかった。一歳を過ぎたころから呼びかけへの反応が少ないことを母親は気にしていた。一歳六ヵ月時の乳幼児健診では、視線の合いにくさや言葉の遅れを指摘された。二歳になっても発語は認めず、視線も合いにくく、指さしや呼名応答なども乏しかったことから、地域の療育施設に通うこととなった。

その後、三歳を過ぎたころから少しずつ話すようになり、保育園に入園後は言語のスパートを認めた。保育園に通い始めたころから家にあった『ギャラガ』などの古いシューティングゲームで遊ぶようになった。保育園では集団行動にあまり参加せず、好きなシューティングゲームに登場するキャラクターなどの絵ばかり描いて過ごしていた。両親が保育園のことを尋ねても、意に介さず黙々とゲームをプレイすることも多かった。年長になると、ゲームをするだけでなく、ゲームに関する調べものを母親と一緒にするようになり、ゲームに関する知識が豊富になっていった。また、そのころは、周囲に「クイズです。ギャラガに出てくる敵は何の虫でしょうか？」などと突然クイズを出すことがブームになっていた。答えてくれる子は少なかったが、「本人は気にしていないようだった」という。集団行動はあまり好まなかったが、周囲とトラブルを起こすことはなかったため、小学校は通常学級を選択することとなった。

小学校の勉強は嫌いではなく、むしろ好きなほうであり、成績は良好だった。ときどき、授業中に空想をしているかのようなひとりごとを言ったり、唐突にゲーム音楽を歌ったりすることはあったが、周囲は気にしないでくれていた。周囲にクイズを出すことは続いていたが、小学一、二年時の担任はいずれもゲームが好きだったこともあり、唐突なクイズに答えてくれていた。仲のいい友だちはいないものの、休み時間は一人で宇宙に関する本を読んだり、好きなキャラクターの絵を描いたりして過ごしていた。

三年生になり、担任が厳格な先生にかわった。授業中のひとりごとを注意されることが多くなり、周りの子どもからも「うるさい」と注意されることや、クイズに「そんなの知らないよ。あっち行って」と言われることも出てくるようになった。

夏休み明けごろから、「学校に行きたくない」と言うようになった。母親はその言葉に理解を示したが、父親は「学校に行くのは当たり前だ」と無理に車に乗せて連れていくようになった。学校に行けば授業は受けており、先生からは「今が大切です。学校に来させてください」と言われた。本人は「学校は楽しくない」「僕には友だちがいない」と両親に訴えたが、父親は「学校に行けば友だちはできる」と譲らなかった。一二月ごろからは、学校から帰ってくると、好きだったゲームもしないで、寝て過ごすことが多くなった。冬休み明けからは、朝起きられなくなり、心配した母親に連れられて当院を受診した。

初診時の様子

「こんにちは、関先生って言います。今日はよろしくね」と声をかけると、小さな声で「はい、こちらこそよろしくお願いします」と丁寧に答える。学校に関して聞くと、「楽しくないです。

僕、仲のいい友だちがいないんです。これまでずっと一人なんです」「いじめられてるってほどではないですけど、楽しくないというか。誰も僕の話に興味もないですし」と語る。「それでも、学校に行ってたんだよね？　どうして行こうと思ったの？」と尋ねると、「行かされていただけですから」と答える。「それは疲れちゃったよね」と返すと、「いるだけでヤラレます。毎日一つずつ自分のライフを失う感じです」と語った。「それは行けないのも無理ないし、よくそこまで頑張ったと思うよ」と伝えると、少し笑顔になった。

本人および母親に、「負荷のかかる学校などに行くのは今は難しいと思われること」「まずは家で好きなことができるようになるのを目標に、ゆっくり休んでほしいこと」を伝えた。あわせて、「コウキ君はＡＳＤを有していると思われること」「ＡＳＤの子どもと定型発達の子どもでは好きなことの広がり方が異なること」を伝え、「誰かに合わせるよりも、好きなことを大事にして、同じ対象が好きな誰かと交流していくことが大切」であり、そのためにも「親御さんも彼の好きなことを応援してほしい」と伝えた。

コウキ君は自身のことについて「なんとなくわかりました」と答え、続けて「先生は、僕にも友だちができると思いますか？」と尋ねた。筆者は「君の大好きなものを大好きな人は必ずいるよ。だからできると思うよ」と返した。

その後の経過

二回目の診察では父親にも同席していただき、改めて「家で好きなことができるようになるのを目標に、ゆっくり休んでほしいこと」「ＡＳＤのお子さんだからこそ、友だち関係はそこにいれば広がるものではなく、好きなものを通して広がる場合が多いこと」などを伝えた。

その後、両親ともに「今はゆっくり休んで元気になろう」と本人に伝えたことで、コウキ君は少しずつ元気になり、夕方になるとシューティングゲームで遊ぶ姿もみられるようになった。母親が「昼間も好きなことをしていいんだよ」と伝えても、コウキ君は「昼間は学校に行く時間だからゲームはしない」と答えた。両親は買い物や外食など外に連れ出そうとしたが、コウキ君はあまり乗り気ではない様子であった。

コウキ君は診察で、「家では『ナムコミュージアム』の『ギャラガ』とか『スカイキッド』とかやってます。最近はお父さんもやりたがるんです」と話した。「お父さんも？」と聞くと、「はい、交代でやったりもします。なつかしいって言って、『ドルアーガの塔』などもやってました」と答えた。「先生もやったよ、クリアできなかったけど」「お父さんも同じこと言ってました」などのやりとりがなされ、元気に会話ができるようになってきた。

両親からは外出について相談されたため、「家で好きなことができるようになってきたら、そのことに関連する外出がしやすいこと」を伝えた。父親も昔のゲーム愛を思い出したのか、その後、コウキ君が好みそうな古いゲームをしばしば買ってきてくれるようになった。コウキ君と一緒に遊ぶ機会も増え、休日にはゲームショップやゲームセンターに両親と一緒に出かけるようになった。

診察のなかでコウキ君は、「最近はゲームショップに行きました。あと、お父さんに昔のゲームが置いてあるゲーセンに連れてってもらいました」と笑顔で語った。一方で、「ゲームの話を家族としたり、ここで先生と話したりするのは楽しいです。でも、やっぱり僕は好きなことを話せる友だちがいないんです」と語っていた。

小学四年になったコウキ君は周囲のすすめもあり、適応指導教室に通うようになった。適応指導教室では、ボードゲームが好きな小学六年のライト君と出会った。ライト君はコウキ君の好きなレトロゲームについてあまり知らなかったが、興味をもち、彼のゲームの話をよく聞いてくれた。コウキ君はそれがうれしかったようで、「今まで自分のゲームの話を聞いてくれる友だちはいなかったんです。ライト君は最後まで楽しそうに話を聞いてくれるんです。そして、プレイしてみた感想も教えてくれたんです。本当に思いっきり話せて気持ちがよかったです。僕は初めて友だちができたかもしれません」と勢いよく語った。その後、コウキ君はライト君の影響もあり、適応指導教室でボードゲームなども楽しむようになった。反対に、コウキ君が持ってきたシューティングゲームをライト君が楽しむ姿もみられるようになった。

そんなコウキ君も現在は高校生である。レトロゲームは大好きで、週末には遠くまで古いゲームの筐体が置いてあるゲームセンターなどに行くことを楽しんでいる。馴染みの店員やゲームセンターで出会う友だちもできたようだ。彼はきっと来週も「居場所」となったゲーセンに出かけるのだろう。

ＡＳＤの子どもたちの友だち関係の広がり

ＡＳＤの子どもは学校生活のなかでさまざまな困難を経験し、不登校に至ることがしばしばあり、不登校の子どもの三六％に広汎性発達障害がみられたとする報告もある。[11] コウキ君にとって、学校が楽しくない場所になり始めたのは、小学三年からだろう。厳格な担任から授業中のひとりごとを注意され、周りの子どもから「うるさい」と言われ、話しかけても「あっち行って」と言われるようになり、コウキ君は少しずつ学校での居場所を失っていった。そして、そのころからコウキ君は他者の感情を知るようになり、自身が孤独であることに気づいたのである。不登校という状態は、学校という居場所を失うことを意味しているが、それと同時に多くの子どもは、家庭でも居心地の悪さを経験する。コウキ君も学校に行きづらくなった当初、「学校は楽しくない」「僕には友だちがいない」と両親に訴えたが、理解されず家庭での居心地も悪くなってしまった結果、家庭でも元気がなくなっていく。

コウキ君のように家庭のなかで居場所を感じられない不登校の子どもたちの支援において最初にすべきことは、「家庭が居心地よく過ごせるようになること」である。外の世界へのチャレンジはそのような居場所があって初めてできる。今回、コウキ君にとって家庭が再び居場所になっていくうえで大切な役割を果たしたのは両親である。「昼間も好きなことしていいんだよ」と語りかける母親はもちろんのこと、最初は否定的だった父親も少しずつその考えを変え、コウキ君の好きな『ギャラガ』や『スカイキッド』を一緒に楽しんだり、ときには好きなゲームを買ってきたりして、子どもの好きなことに肯定的にかかわるようになっている。そのような両親とのかかわりを通じて、家庭を居場所と感じられるようになったからこそ、コウキ君はゲームショップやゲーセンといった外の世界へのチャレンジをするのである。

定型発達の子どもたちであれば、そのようなチャレンジの過程で、誰かと出会い、仲良くなり、出かけた先が居場所となっていくことも多い。一方で、ＡＳＤの子どもたちは、同じ場所にいれば誰かと自然に仲良くなるというわけではない。しかし、ＡＳＤの子どもたちが友だち関係を求めないかといえばそうではない。コウキ君が「僕、仲のいい友だちがいないんです。これまでずっと一人なんです」「(学校が) 楽しくない」「誰も僕の話に興味もない」と語る背景には、「友だちがほしい」「友だちと話がしたい」という思いが認められる。

コウキ君の友だち関係や居場所所は、ゲームの話を聞いてくれたライト君や、ゲーセンで出会った友だちを中心として、適応指導教室やゲーセンに広がっていった。このように、ＡＳＤの子どもたちの友だち関係は、「特別な興味」を中心に広がっていくように思う。言い換えれば、ＡＳＤの子どもたちにおいては「特別な興味」に「シンパシー」を感じ、共鳴できる者同士が友だち関係をつくっていくのかもしれない。そして、少しずつその友だちの影響を受けて、「特別な興味」も広がりを見せることがある。コウキ君が、ライト君の影響を受けて、ボードゲームを好きになったように。

第12章 注意欠如・多動症の子どもたちとゲームの世界

「もう一二時！　寝る時間でしょ！」「うるさいな、あとちょっと」「あとちょっとって、さっきからずっとあとちょっとじゃない。今朝も起きられなかったのに、明日も起きないつもり？」「うるさいな、わかってるって」「わかってないでしょ!?」「うわ、話しかけられたせいで負けた。うざいな、あっち行けよ！」

深夜になってもゲームをする声が家のなかに響く。ときには笑い声が、ときには罵声が。寝ようと思ってもなかなか寝つけない。きっと明日も息子は起きてこないのだろう。

ＡＤＨＤの子どもたちとゲームの世界

注意欠如・多動症（Attention-Deficit / Hyperactivity Disorder：ＡＤＨＤ）は、活動に集中できない、気が散りやすい、ものをよくなくす、計画通りに順序立てて何かをすることが難しいなどの不注意と（または）じっとしていられない、静かに遊べない、待つことが苦手などの多動・衝動性を主な特徴とする神経発達症の一つであり、子どもや青年の五・九〜七・一％が有しているといわれている。[1] ＡＤＨＤの神経心理学モデルにおいては、バークレーが、行動抑制の欠如がその本体であることを提唱[2]して以来、実行機能障害仮説が広く受け入れられてきた歴史がある。実行機能障害とは、目標の設定や計画、計画の実行や行動の選択が適切に行えないことを指しているが、この実行機能障害からは、意図したことを柔軟かつ計画的に考えて行動に移し、計画通りに終えることが苦手になりやすいという「段取りの悪さ」や「おしまいのしにくさ」が説明される。その後、ＡＤＨＤにおいてすべての実行機能が一様に障害されるわけではないことなどから、実行機能システムと報酬系システムの二つの経路の障害を並列に配置した二重経路モデルも提唱されている。[3] この報酬系システムの破綻からは、遅れてくる報酬を待つことができないといった遅延回避や代替の報酬を選択する傾向、衝動性などが説明される。

ＡＤＨＤの子どもたちの放課後の様子を診察室で聞いてみると、多くが友だちとボイスチャットなどでおしゃべりをしながらオンラインゲームを楽しんでいることがわかる。実際に、外来における調査[4]では、小学校高学年の八三・三％、中学生の七七・八％、高校生の一〇〇％がオンラインゲームで日常的に遊んでいることが報告されている。ＡＤＨＤの子どもや青年が日常的に遊ぶゲームは、「ガチャ」がある基本プレイ無料の育成系のゲームアプリ（『ウマ娘』『モンスターストライク』など、四七・八％）、ＦＰＳやＴＰＳ（『エーペックス』『フォートナイト』『スプラトゥーン』など、二八・九％）、サンドボックス（『マインクラフト』など、一三・三％）が多く、なかでもＦＰＳやＴＰＳ、サンドボックスなど特定の「ハマりやすい」ジャンルがあることが示唆されている。もちろん、このようなゲームで遊ぶ傾向は何もＡＤＨＤの子どもに限らない。同年代の定型発達の子どもたちも同じようなゲームで遊んでおり、ＡＤＨＤの子どもたちはしっかりコミュニティの流行に乗っているといえるかもしれない。また、小学校高学年以上のＡＤＨＤの子どもたちの四〇・七～四五・四％はボイスチャットなどで友だちとコミュニケーションをとりながらプレイしているが、小学生や中学生の場合、その相手の多くは学校や部活などの現実の友だちである。

ＡＤＨＤの子どもたちに起こりやすいゲームの問題

ＡＤＨＤの子どもたちとゲームとの関連においては、①負けたときの情動の調節の問題、②約束ごとをめぐる問題、③ガチャなどの課金の問題が日常臨床で話題になることが多い。

①負けたときの情動の調節の問題

ＡＤＨＤの子どもたちの多くは、『スプラトゥーン』などのゲームに負けたときに、悔しさやイライラのあまり、味方に八つ当たりし、暴言などを口にしてしまうことがある。そして、これらが現実の友だち関係のトラブルに発展することもしばしばある。また、このような暴言は見ていた保護者がその場で注意することも多いため、注意された子どもがさらに怒って、暴言を保護者に向けるなどの悪循環になりやすい。

一方で、ＡＤＨＤの子どもたちは怒りたくてゲームをやっているわけではなく、負けたときの悔しさやイライラにうまく対処できずに、結果的に暴言や八つ当たりに至っている。そのような子どもたちとは、日常臨床において、負けたときの悔しさやイライラについて心理教育を行うとともに、悔しさやイライラが小さいうちに対処する方法を一緒に考えることも多い。たとえば、負けた結果の画面を見続けていると悔しさやイライラは大きくなりやすいため、「一〇秒間目をつぶって呼吸を整える」「画面に背を向けて体操をする」「お茶を飲むために数歩移動する」「ボイスチャットはすぐにミュート」など、その子に合ったコーピング方法を一緒に考えたり、「ＦＰＳやＴＰＳは冷静なほうが勝てること」などについて話し合ったりする。また、保護者とは「怒っているときに注意をすると、怒りが大きくなりやすいこと」「その場から短時間だけ離れるコーピング方法を親子で一緒に考えること」「本人が暴言を口にせず我慢した場面を見つけること」などについて話し合う。低学年であれば、負けて悔しい思いをしているときに、「今、怒らなかったね。頑張ったね」と保護者が声をかけるだけでも、悔しさやイライラは小さくなることがある。また、勝ったときに興奮のあまり相手を煽ってしまい、これが現実の友だち関係に影響を与えることも多く、そのような場合には「どんなふうに振る舞うと格好いいか」などを一緒に考えることもある。

②約束ごとをめぐる問題

小学生や中学生のゲームをめぐる約束ごとは「ゲームは八時まで」「二時間まで」など時間で区切られていることも多いが、ADHDの子どもたちにとってこの約束を守ることは非常に難しい。そもそもゲームはテレビ番組と違って時間通りに始まり、時間通りに終わるものではない。また、ADHDの子どもたちはやらないといけないことをついつい先延ばしにする傾向があり、これが保護者とのトラブルに発展することもしばしばある。このような場合には、保護者に対して「ADHDの子どもと時間で区切る約束ごととの相性の悪さ」や「守らせようとしてより厳しい約束にすると、守れなくなる悪循環」について話すとともに、子どもと一緒に、子どもが守ることができ、大人も守らせることができる約束ごとを考えていく。

③ガチャなどの課金の問題

昔はゲームといえば買い切り型のものが主流であったが、最近では、基本プレイは無料であるが、ゲームを有利に進めるためのアイテムやキャラクター、カードなどを引ける有料のガチャが用意されているものも多い。第8章でも触れたが、ＡＤＨＤの子どもは、推しのキャラをどうしても手に入れたいあまり、ガチャに高額を使ってしまうことがある。なかには、親のクレジットカード番号を勝手に使用する場合などもあり、それらお金をめぐる問題が診察室ではしばしば話題になる。ガチャは目的のキャラクターやアイテムが必ず引けるようなものではない。そのため、ガチャ確率についての心理教育も必要になる。子どもがプレイしているゲームのガチャを話題に出しながら「〇・七五％の確率で排出されるとすると、一〇〇回回して（推しが）引ける確率はどれくらいだと思う？」と尋ねると、「そんなの簡単だよ、七五％だから四回に三回！　絶対引けるよ！」などと答える子どももいるが、実際に（少なくとも一度）排出される確率は五二・九％である。このような客観的な数字を見ることによって、「二回に一回くらいしか出ないのか」と行動にブレーキをかける子どももいる。

　お金をめぐる問題は、「課金はよくない」「自分のお金じゃない」などと善悪の話題にすると感情的な争いも大きくなるため、善悪の話題にしないことが重要だと筆者は考えている。

ＡＤＨＤとネットやゲームへの依存

　ＡＤＨＤの子どもにおいては、他の精神疾患との併存が多く、行動嗜癖の併存もしばしば話題になる。インターネット依存に関してはＡＤＨＤとの関連が示唆されており[5][6]、国内の精神科医療機関における外来調査でも、ＡＤＨＤの子どもたちの約一割がスクリーニング尺度のうえではインターネット依存とされている。[4][7] ゲームに関しては、ＡＤＨＤにおいて問題のあるゲームの使用[8]やゲーム行動症との関連[9]が示唆されており、その背景として衝動性や敵意、不注意[10]などＡＤＨＤの中核的な特性が指摘されている。

インターネットやオンラインゲームの世界は、常に新しい刺激をもたらすとともに、それらに簡単かつアクティブにアクセスできる。当然ながら「やらなきゃいけない」宿題よりも目の前のゲームのほうが魅力的であり、「やらなきゃいけない」ことを後回しにするという傾向もあいまって、ＡＤＨＤの子どもがゲームをやめられないこともしばしばある。また、特定の問題のあるインターネット使用障害の発症やその行動が続いていくプロセスを示した理論的枠組みであるＩ‐ＰＡＣＥモデルにおいては、中核的な特性、オンラインゲームに対する認知・情緒的反応やコーピングのスタイル、実行機能の低下などの相互作用の結果としてオンラインゲームなどへの嗜癖が起こり、維持されるものと考えられているが、その中核的な特性の一つとしてＡＤＨＤが挙げられている。[11]

ＡＤＨＤの子どもたちのハマりやすいジャンルの一つであるＦＰＳやＴＰＳは次から次へと敵を撃ち続けるゲームである。これらのジャンルのゲームは一試合のプレイ時間が短く、面倒で時間がかかるレベル上げなどの作業も必要ない。つまり、報酬の遅延が生じにくく、常に新たな刺激があるようにデザインされており、ただでさえ「おしまい」が苦手なＡＤＨＤの子どもにとって、やめることが難しい要素がちりばめられている。また、もう一つのハマりやすいジャンルであるサンドボックスの代表作品である『マインクラフト』は、ブロックを空中や地面に配置することで何かを作り出したり、世界を自由に探索したりするゲームである。そこでは、自由な空間のなかでみずから目標を設定し、計画し、それを実行するための行動を選択していく必要があり、ＡＤＨＤの子どもがその「段取りの悪さ」や「おしまいの苦手さ」から、当初の目標時間をオーバーすることは容易に考えられる。また、自由であるがためにできることがたくさんあり、あれもこれもと次から次へとやりたいことが浮かぶ結果、なかなかおしまいにできないということも考えられる。このように『マインクラフト』は、ただでさえ「おしまい」が苦手なＡＤＨＤの子どもにとって、やめることが難しい要素がちりばめられた作品なのである。

　以上のように、ＡＤＨＤはオンラインゲームなどへの嗜癖に対するリスク因子の一つであり、メチルフェニデート徐放錠やアトモキセチンといった薬物療法の有効性を示す報告もある[12][13]。一方で、すべてのＡＤＨＤの子どもがオンラインゲームなどへの嗜癖に至るわけではなく、保護因子について検討することも重要である。オンラインゲームなどへの嗜癖に関しては、家族との関係が保たれていることや、約束ごとなどについて家族と話ができることがその保護因子として知られており、支援する立場としては子どもの行動だけでなく、家族関係にも働きかける必要があるだろう。

〔事例〕ゲームをめぐって家族と対立してしまったリョウ君

リョウ君、初診時一〇歳、男性。主訴は「ゲームがやめられない」（本人）。

受診までの経緯

三九週、三七九三gで出生。乳児期の運動発達に遅れはなく、よく笑う子どもであり、母親の動きをよく見ていた。言語発達の遅れも認められず、一歳六ヵ月児健診のころには言葉をしゃべっていた。幼児期はスーパーなどで知らないあいだに走っていってしまい、迷子になることも多かった。三歳児健診で落ち着きのなさが気になって保健師に相談したが、年齢相応であると判断され、療育などが勧められることはなかった。

年少からは保育園に入園したが、じっとしていることは苦手であり、教室にいられず、教室を飛び出したりした。制止しようとすると、怒って保育士に噛みつくことも多かった。運動会や発表会などの練習はあまり参加しなかったが、本番はなんとかこなせていた。また、何ごとも一番になれないとわかると途端にやる気をなくし、かんしゃくを起こすことも頻繁であった。年長の担任からは、離席をした際に「そんなんじゃ小学校に行けないよ」などと指摘を受け、療育機関への通所を勧められることもあったが、母親は「子どものダメなところばかり指摘されることが嫌で仕方ない」ため、家庭でなんとかしようとリョウ君を叱責することも多くなっていた。

小学校は通常学級に通ったが、忘れ物が目立つとともに、授業に集中できず、後ろの席の子にちょっかいをかけ、先生から注意されることも多かった。休み時間は外で遊ぶことが好きだったが、雲梯やブランコから飛び降りて怪我をすることがしばしばあった。道路などへの飛び出しも多く、車との接触事故も数回あった。

放課後は勝手に友だちの家に出かけたり、友だちを誘ってコンビニに行ったりしていたため、両親は学校から「家でよく言い聞かせるように」と何度も注意を受けた。家で母親がリョウ君を叱ると、そのときには「もうしない」と言うが、数日後には同様のトラブルが起こるため、母親は「どう接していいかわからない」と思うようになった。

小学二年の冬にサンタクロースからゲーム機が届き、家庭ではＦＰＳやＴＰＳなどのゲームに没頭するようになった。三年生になると、ゲームを優先するあまり、音読やドリルなどの宿題をやらなくなった。「ゲームは宿題をやってから」と約束しても、怒って大声で文句を言い、母親との口論が絶えなくなった。深夜になっても大声を出しながらゲームをしているため、見かねた父親が怒ってゲーム機のスイッチを切ると、コントローラーを壁に向かって投げつけた。ゲームで負けた際にはボイスチャットで友だちに怒鳴り、翌日学校でも「昨日のプレイは本当にザコかった」などと言うため、しだいに友だちが少なくなり、「学校は全然つまらない」「友だちもいない」「家にも学校にも僕には居場所がない」と語るようになった。朝方までゲームをする日々が続き、朝も起きなくなり、学校に行けない日や遅刻をする日が増えていったため、両親に連れられて四年生の秋に当院を受診となった。

初診時の様子

両親と入室。ニコニコしている。周囲をキョロキョロ見回しつつ、「あのね、僕、ママに隠れてゲームやってる。ママが『一時間だけ』とか言うけど、ママ見てないもん。だからこっそりやってる。『スプラトゥーン』が好き。でもあれ、本当に編成がゴミだとイライラする。味方弱いし、ザコすぎる」などとよく話す。「ルール破っちゃうと怒られないの？」と尋ねると、「怒るけど、やめられないもん。一時間なんてムリムリ」と語る。「ゲームしてないときは何してるの？」と聞くと「こっそり友だちの家に行く。言うと止められるから。その子はスプラ持ってないから携帯持っていって遊んでる」と語る。学校に関しては、「学校はつまらない。『休んでゲームしてるくせに』とか言うやつがいてムカつくから行ってない」と語った。

母親は「約束なんてしても全然守らないし、指摘をすると怒る」「ゲームを無理にやめさせると、暇だとか文句ばっかり言う」「学校からもしょっちゅう呼び出される」「家で注意しても全然変わらない。どうしていいかわからない」と語った。父親は「学校からはゲームのルールをつくって守らせるように言われている。もっと厳しくしないと言うことを聞かない」と語った。

両親には、発達歴や行動観察から、背景にＡＤＨＤが認められること、今はゲームをめぐる問題が目立っているが、親子のコミュニケーションがあまりうまくいかなくなっており、それが悪循環につながっていること、親子のコミュニケーションがよくなることで、子どもの適切な行動は増え、ゲームをめぐる問題は少なくなると期待されることなどを伝えたうえで、母親にペアレントトレーニングのプログラムへの参加を促した。

その後の経過

ペアレントトレーニングでは、子どもの良い行動を見つけほめることや、不適切な行動への対処の仕方などを学ぶが、ペアレントトレーニングが進むにつれて、母親は「日常のなかで少しほめられるところがあることがわかってきた」「お風呂に入るとか、ご飯を一緒に食べるとか、当たり前だと思ってた」と話し、ゲームに関する不適切な行動はあまり指摘せず、日常の適切な行動を認め、増やすように努めているようであった。ゲームに関する約束ごとについては、「守れない約束がそのままになっていることが一番まずいので、守ることが簡単で、守らせることも簡単なものにする」ことを提案し、診察室で話し合い、「夕飯を一緒に食べる」「一二時には眠る」こととした。その結果、夕飯は一緒に食べるようになり、親子のコミュニケーションは少しずつよくなっていった。しかし一二時に眠ることは難しく、朝は起きられないことが続いていた。母親によれば「声をかけても『あとちょっと』って言われる」とのことであり、リョウ君も「いいところだと終われない」と語ったため、約束を「朝ご飯を七時に一緒に食べる」こととした。当初は眠たそうに起きてきていたが、母親も「一緒に食べられるとお母さんも元気に仕事ができる」と本人を励ましてくれたため、だんだん朝は起きられるようになってきた。それとともに、いつの間にか一二時すぎには眠ることも増えた。

ゲーム中の暴言に関しては、診察のなかでどうしたら悔しい場面を上手にやり過ごせるかについて話し合った。リョウ君には「負けた画面をずっと見ていると、悔しい気持ちが大きくなって、ムカついてきちゃうんだよ。そしてすっごいムカついてきちゃうと、人を傷つける言葉も出やすくなるんだって。あと、すっごいムカついてくるとそれが小さくなるのにも時間がかかるんだ。だから、悔しい気持ちがちっちゃいうちにゲーム画面を見ないようにすると、人を傷つけることを言わなくなるんだって！」と伝え、負けた画面を見ない方法について話し合った。リョウ君は「じゃあ、すぐにゲーム始めずに三〇秒テレビ切ってみる」と言い、家でも実践したようであった。次の診察では、「先生、あんまりうまくいかなかった。でも、別の方法見つけた。隣にママのスマホ置いて、最近は負けたら次のマッチングまでずっとYouTube見てる」と語った。これは案外うまくいったようで、母親も「まあ、二つも画面使ってどうかと思うけど、怒るよりはいいかな」と語っていた。

五年生になり、登校できる日は昨年度よりも増えていた。担任は母親と連絡をとり、無理な宿題は出さないこと、学校でも可能な限りほめるようにすることなどを伝えており、リョウ君は給食当番や掃除といった場面でほめられることが増えた。家では変わらずゲームを続けていたため、父親はプログラミング教室や体操教室などにリョウ君を誘った。本人も「やってみたい」とは言うものの、長続きせず、「リョウがやりたいって言うから連れていってやったのに」

と責められた。診察では父親に対して「ゲームの代わりとなる余暇活動を探すのはいいことだと思います。けれども、意外とこれが難しいのです。リョウ君の場合は飽きやすさもあるから、なおさらです。でも、こういった試みで親子のコミュニケーションが悪くなると、またゲームが増えるという悪循環になることもあります」と伝え、今できそうな日常の当たり前のコミュニケーションを促した。リョウ君は無理に余暇活動に誘われなくなったことで、父親との関係がよくなり、五年生の冬には父親の趣味の日曜大工を手伝うこともあった。その際には父親から「リョウが手伝ってくれて助かった」とほめられ、リョウ君もうれしそうであった。

リョウ君は今も毎晩ゲームを続けている。それでも夕飯は家族と一緒にとり、休日には父親と日曜大工をしたり、両親と買い物に出かけたりしている。ボイスチャットをめぐるトラブルはほとんどみられない。たまに負けたときには「あーくそ」と大声が出るが、両親も見ないふりが上手になっている。学校はときどき遅刻をするが、休むことはほとんどなくなっている。

よい行動を引き出すコミュニケーション

ＡＤＨＤの子どもはしばしば学校や家庭で不適切な行動が多くなり、叱責を受ける。しかし、叱責されてもなかなか行動が変わらず、さらに叱責を受けることで、自信や居場所をなくすこともある。リョウ君は「家にも学校にも僕には居場所がない」と語っているが、これらは周囲から注意を受け続け、周囲とのコミュニケーションが悪循環に陥った結果といえる。そんななかでリョウ君はしだいにゲームに没頭し、宿題もやらず夜中までゲームをし続けるようになり、その結果、朝起きられず、学校に行かない日や遅刻する日も増えている。学校からの指導もあり、父親や母親は約束をつくり、守らせようとするがうまくいかず、親子のコミュニケーションはさらに悪化し、怒ってコントローラーを壁に向かって投げるようなこともあった。

ＡＤＨＤに限らず、子どもがゲームから離れられないとき、子ども自身は「ゲームをやめたい」と思っていないことも多い。その場合には、家族から子どもへのコミュニケーションのとり方をよりよいものに置き換えることで、子どものよい行動を引き出していくこととなる。リョウ君の母親はペアレントトレーニングに参加することで、「お風呂に入る」「ご飯を一緒に食べる」など日常の何気ない適切な行動に注目することができるようになり、「朝ご飯を一緒に食べる」という約束が守られた際に、「一緒に食べられると一日元気に仕事ができる」と声をかけることができ、その結果、約束は守られるものになっている。このとき、「早く食べちゃいなさい」「また遅刻するわよ」などと、適切な行動がよいかたちで注目されなければ、この約束はリョウ君にとって守りたくないものになり、うまくいかなかっただろう。

また、ＡＤＨＤの子どもにしばしば情動調整の問題があることが知られており[14]、学校や家庭での不適応や友だち関係の困難につながることも多く、リョウ君にも同様の問題がみられている。そこで悔しい場面を上手にやり過ごす方法について話し合い、試行錯誤した結果、彼は負けた画面を見続けないように「YouTubeを見る」という対処行動を見つけている。このような対処行動は、当初の親子関係なら注意されそうなものであるが、母親も「怒るよりはいいかな」とそのポジティブな側面に目を向けており、リョウ君の情動調整の問題は少なくなっている。

ゲームと代替行動

ゲームをめぐる問題においては、ゲーム以外の余暇活動を代替行動として探すことなどもしばしば提案されるが、なかなかうまくいかないことも少なくない。余暇活動については、「『自由』や『楽しみ』があり」「本人の生活を豊かにすることにつながる」ものであり、「自発的に参加」できることが重要だといわれており、[15] ゲームをやめる、ゲームから離れることだけを目標にすると途端に自由も楽しみも少なくなる。リョウ君にとってのプログラミング教室や体操教室も当初は「やってみたい」ものだったかもしれないが、「やりたいって言うから連れていってやったのに」と叱られることで自発性や楽しみが失われているからこそ、続かなかったのであろう。そう考えると、ゲーム行動症の子どもに対する支援として自然のなかでのキャンプなどが行われることもあるが、それらがよい方向に作用するためには、そのキャンプが子どもにとって自発的に楽しめる活動になっているかどうかが重要であり、キャンプ自体に効果がある／ないという話ではないのかもしれない。

また子どもが余暇活動に安心して参加するためには、親子のコミュニケーションが良好に保たれていることが重要なのは言うまでもない。親子のコミュニケーションが良好で安全な居場所があるからこそ、子どもはさまざまな余暇活動にチャレンジできるのであり、それがなければ回避的な場所にしがみついてしまうだろう。

そして、一緒に参加する大人も楽しんでいるかという点も重要になる。せっかくの余暇活動も、一緒にする大人が楽しそうでなかったり、渋々参加していたりしたら、子どもにとって楽しいものにはなり得ないだろう。リョウ君がプログラミングや体操よりも日曜大工の手伝いを好むようになったのにも、そうした背景があるかもしれない。だからこそ、大人は子どもの趣味であるゲームを悪者にするのでなく、自分の趣味には胸を張り、この世界にはゲーム以外にも案外楽しいものがたくさんあることを、子どもたちに伝えられる存在であってほしいと思う。

コラム5

大人と子どもでつくる ゲームやネットをめぐる約束ごと

約束と期待

SNSやゲームなどを家庭で導入するときや、それをめぐって親子が対立してしまうときに、「約束ごとをつくりましょう」ということはしばしば呼びかけられているが、つくった約束が適切に実行されることは難しいようであり、しばしば守られない。そもそも約束は、それをつくることができる信頼関係のうえに成り立つものであり、その実践にあたっては、ゲームやSNSについて親子で「一緒に考えることができる」「話し合いをすることができる」関係性が重要になってくる。

約束がなされた際に、当事者同士は、その約束が現実に守られることを相互に期待している状態である。たとえば、子ども同士が「今日七時からスプラやろうよ！」「いいよ」と約束した際には、その約束が実行されることを互いに期待している。

これに対して、大人が「ゲームをしたいなら一時間だけ」と一方的に告げ、子どもがしぶしぶ「わかった……」と答える場合は事情が異なる。この場合、大人は一時間でゲームを終えることを期待しているが、子どもは決してそうではない。このように期待が一方通行であるときには、約束は現実に実行できるものにはなりづらい。また、「一時間だけ」と言われた子どもが「そんなの無理、一〇時間だったら守る」と言い、大人が呆れて「好きにしなさい」と言った場合にも、大人と子どもの期待はすれ違っている。このように、約束が適切に実行されない背景にはしばしば期待のすれ違いがある。

守りたい約束にするために

とくにゲームの時間の制限などにかかわる約束は、子どもにとって守りたくないものになりやすいため、子どもが「約束を守りたい」と思える関係性を親子でつくっていくことが重要になる。子どもからしてみれば、自分からゲームを取り上げようとする大人との約束や、自分の好きなことを否定する大人との約束は、なかなか「守りたい」とは思えないだろう。だからこそ、私たち大人は子どもの世界に興味をもち、「そのゲームはどんなところが面白いの？」「その実況者さん、なんて名前なの？」と子どもの世界に近づいてみることも大切になる。

また、実際に誰が約束をつくるかという点もポイントだろう。先ほども触れたように、大人が一方的に決めた約束を子どもは守りたいとは思わない。したがって、約束を親子でつくる際には、子どもが主体的に参加する必要がある。約束は相互に交わすものであるため、子どもがそれを守れることと同時に、大人が守らせることができることも大事になってくる。たとえば、「ゲームは夕方五時まで」という約束は、その時間に大人が子どもに手をかけられない状況では、なかなか守らせることが難しい。したがって、夕方五時に大人が誰も帰宅していない、家事で忙しいなどの状況が予想される場合には、大人から「六時にしよう」といった提案をすることが望ましいだろう。

さらに、わかりにくい約束はなかなか「守りたい」と思えないし、そもそも守れない。だからこそ、大人にも子どもにもわかりやすい約束をつくっていく必要がある。

約束はアップデートが必要

子どもにとっても大人にとっても、ゲームやＳＮＳの世界がとても魅力的であることは言うまでもない。ゲームにはプレイヤーを夢中にさせる仕掛けがちりばめられているし（もちろんそれでもつまらないゲームはあるが）、ＳＮＳであれば友だちとのつながりを確認したり、現実には交流できない人と交流できたりもする。ときには現実に居場所のない子どもにとっての居場所にもなることから、ＳＮＳから離れられない子どももいるだろう。そのように魅力的な世界だからこそ、ゲームやＳＮＳをめぐる約束が果たされないことはしばしばある。その際には一度決めた約束を放置せず、アップデートしていく必要がある。この場合、大人は感情的になってより厳しい約束をつくりがちであるが、厳しい約束は守ることも守らせることも難しく、期待も一方通行になりがちである。そのため、現実的に実行可能な約束にしていくことが大切になる。

子どもが約束を守ったら

多くの大人は子どもが約束を守ることは当たり前と思っており、子どもが約束を守った際にスルーしがちである。また、せっかく子どもが約束を守って時間通りにゲームをやめても、「いつもそうやってやめてくれたら」などと嫌味を言ってしまうこともあるが、そのような嫌味は、約束を守りたいという子どもの気持ちを削いでしまう。だからこそ、私たち大人は、子どもが約束を守れた際には、その姿を認めていく必要がある。

それと同時に、子どもたちなりの小さな我慢を見つけていくことも意味があるだろう。子どもはゲームを「あとちょっとで勝てたのに」などとぶつぶつ言いながらやめることもある。大人はそれを注意したくなるかもしれないが、このような我慢を「よく我慢したね」と認めてもらえれば、約束は子どもにとって「ちょっと嫌なもの」ではなくなってくる。約束が子どもにとって守りたいものになれば、親子の深刻な対立は減っていくだろう。

コラム６

家族の協力が得られにくいとき

　ゲームやネットをめぐる問題では、親子がすでに対立してしまっていることがしばしばある。ときには親が子どもからゲーム機器を取り上げたり、ネット環境を切断したりするなどをきっかけに、家庭内で子どもが暴れてしまうなどの大きな問題が起こり、親が疲弊している状態にも出会う。そんなとき、私たち支援者には何ができるだろう？

　このような場合には子どもは相談の場を訪れず、家族だけがやってくることも多い。たしかに、ゲームの取り上げやネットの切断はあまりよい結果を生まず、高確率で失敗するギャンブルであるが、そのような通り一遍のことを家族に説明するだけでは、まったく問題は解決しないばかりか、「相談しても無駄だった」と家族を落胆させることになるだろう。

　ＳＮＳやゲームなどに傾倒する子どもは、これまで見てきたように、ＳＮＳやゲームのなかで本人にとってはポジティブなつながりをもっていることが多い。しかし、家族にとっては事情が異なる。問題が大きくなり、対立してしまっている家族は、どこともつながりをもたず、誰にも相談することができず、家族だけで問題を抱え込んでいることも多い。そして、そのような問題を解決する糸口すら見つからず、結果としてゲームを取り上げたり、ネットを切断したりするなどの行動をとってしまったのである。そう考えると、取り上げや切断は家族が行き詰まった末の行動であり、翻っていえば、私たちのような支援者がこれまで、家族に実現可能な支援策を提示できなかった結果であろう。

支援者の役割はそのような家族を責めるのではなく、家族がつながりを求めてやってこられたことをねぎらうとともに、「相談に来て少しはよかった」と感じていただくことにある。

具体的には、まずゲームの取り上げやネットの切断など大きな対立を生むきっかけとなる行動をとった家族の気持ちについて整理することから始まる。「どうしてゲームを取り上げたいと思ったのですか？」と聞けば、家族は「だって、一日中外にも出ずに、ゲームばっかりしているから、将来もこのまま外に出られないんじゃないかと心配で」といった将来への不安や、「誰かと話はしているみたいだけど、私たちとはほとんど話もしない。昔みたいに家族で出かけたり、会話したりしたいのに」と、失われてしまったように思われる家族像について語ることも多い。とくに両親は本来、子どものことを案じているのであり、子どもとこれからどんな生活をしたいかについて考えてもらうことが、子どもへのポジティブな気持ちを思い出すきっかけになることもある。

不登校は子どもにとって、自分は何者にもなれないかもしれないというアイデンティティの危機を引き起こす。そんな不安を打ち消すべく、ゲームなどに没頭する子どもは多いのだが、そのような状態を見続ける家族にも「うちの子は将来どうなってしまうんだろう」という不安を引き起こすのは想像に難くない。取り上げや切断のきっかけになった家族の気持ちが未来への不安であれば、学校に行きづらく、ゲームに傾倒する子どもたちの未来像がどのようなものかを、不登校の転帰に関する調査などを示しながら説明することもできるだろう。多くの調査からは、不登校の子どもの未来像が決して暗いものではないことが読み取れるからである。

不登校は子どもにとって後ろめたいものである。だからこそ、家族と話をしなくなってしまう子どもも多いが、そのような状態を見続ける家族は「もう私たちとは話もしないのではないか」と不安になり、それまでに築いてきた家族像が失われてしまうように思えるのは無理もないことだろう。これまで誰かに相談すれば、「約束ごとをつくる」とか「親子でコミュニケーションを」などといった具体性のないアドバイスをされ、試してみてもうまくいかなかった結果も積み重なっているかもしれない。このような家族には、現在のコミュニケーションのあり方をアセスメントしながら、「今」「できそうな（成功しそうな）」コミュニケーションを提案していくこととなる。まったく会話がなければ「ドア越しに『おはよう』とだけ言ってみましょう」といった提案になることもあるが、その際には「壁をドンってしただけでも、返事が返ってきています。それで成功なんですよ。そしたら、『返してくれてありがとう、また来るね』って返事をしていいんですよ」といった具合に、どれくらいのコミュニケーションで成功といえるのかまでを提示していく必要があるだろう。そして何よりも、そのようなコミュニケーションをとろうとしていることをねぎらうことが大切になる。家族はこれまでの支援が少しもうまくいかなかったことに無力感を抱いているのであり、徐々にでもコミュニケーションがうまくいっていると実感できれば、対立は少しずつ緩和されていく。

　また、家族が信頼できる誰かとつながり続けることも大切になってくる。つながる先は私たち支援者でもよいし、同じような悩みを抱える人が集まったピアサポートのグループなどもよいだろう。親子のコミュニケーションの雪解けは本当に少しずつ進んでいく。小さな変化は自身では気づきにくいが、ピアグループのメンバーが「前に聞いたときは、壁をドンってやったって話だったけど、『うん』って返事するようになったのね」などと気づいてくれることもある。反対に、メンバーの子どもの小さなよい変化に気づくこともあるだろう。また、小さな変化に気づいて、「返事してくれたから今日は気分がいい」などと子どもに言えればいいが、そんなことはわかっていてもなかなか難しい。本当に悟りの世界だ。だからこそ、家族だけで抱え込まず、自分たちと同じような悩みをもつ仲間とつながっていくことが大切なのである。

終章　子どもたちの「つながる気持ち」と居場所

インターネットが社会のなかで発達して以降、思春期の子どもたちを取り巻く環境は大きく様変わりしてきた。今では小学六年生の約五〇%、中学三年生の約八〇%がスマホを所持する時代となっているが[1]、スマホ一台でできることは本当に幅広い。部活や授業の連絡などにＬＩＮＥを使用することもあれば、XなどのＳＮＳに他愛もない日常や、現実のコミュニティのなかでは言えない気持ちをつぶやき、それらに反応が返ってくることで束の間の安堵を感じることもできる。時間が空いたら暇つぶしにYouTubeやTikTokの動画を視聴したり、ゲームアプリで遊んだりすることもできる。スマホのアプリで描いたイラストをPixivにアップして誰かに見てもらったり、「小説家になろう」に投稿された小説を読んだり、ときには自分が作者となり、小説を投稿し、誰かに読んでもらうこともできる。こうして、現代の子どもたちはスマホ一台で世界の誰とでもつながることができる。

リアルに居場所のある子どもたちの「つながる気持ち」

第1章で触れたように、思春期のコミュニティにおいてはチャムグループなどの同調性の高い集団が形成されやすい一方で、「ちょっと変わっている」など異質な個人は排除されやすくなる。クラス内においてはスクールカーストと呼ばれる序列が明確に存在し、自分の「キャラ」に応じた振る舞いが要求される。

けれども、キャラは、自分が「明るい」と設定すれば「明るいキャラ」として通用するようなものではなく、そのコミュニティのなかでの承認を必要とする。コミュニティのなかで、その個人のキャラらしくない振る舞いは容認されにくく、場合によっては異質なものとして排除されてしまう。「おとなしいキャラ」の子どもが、勇気を出して化粧をしたり、おしゃれをしたり、明るく大きな声を出したりしたとしても、「〇〇のくせに」といじられたり、ときには嘲笑されたりする。このことは、キャラの属性とクラス内のカーストの序列に強い関連があることを表しているといえる。

クラス内のカーストの最上位としてよく描かれるのは、自身はいじられることなく、他者をいじったり、笑ったりすることができる「コミュ力」の高いキャラの持ち主である。たとえ、小説が書けたとしても、イラストが描けたとしても、ゲームが上手であっても、クラス内ではそのキャラだけで居場所を見出すことは難しい。そのような子どもたちが、「いい人」や「付き合いがいい」といった波風の立たないキャラを演じながら、コミュニティのなかで目立たないように過ごすことを余儀なくされ、そうした現状から「キャラ変」を考えたり、人間関係をリセットすることを考えたりすることも多い[2]。

　そして、それぞれの置かれた状況に応じてＳＮＳなどの使い方も異なってくる。たとえば、「おしゃれ」で「明るい」キャラで友だちが多い子どもであれば、「友だちや知り合いとのコミュニケーション」や「学校や部活の連絡」のためにＬＩＮＥなどのＳＮＳを利用することが多くなる。そんな子どもがInstagramで友だちと遊ぶ様子やおしゃれなカフェのスイーツの写真を投稿すれば、その投稿にはリアルのコミュニティでもつながりのある友だちから多くの「いいね」が集まる。ＬＩＮＥやInstagramは所属するコミュニティとのつながりが比較的強いＳＮＳであり、これらの「いいね」の数は、所属するコミュニティにおける自身のキャラに対する承認の数でもあり、これによって自分が満たされたような気持ちになることもある。こうした人と人とのつながりから感じられる、自分自身を大切に思える気持ちはいわゆる自己愛といえる。

　ＳＮＳという文脈のなかでは、承認への欲求や自己愛はネガティブなものとして素朴に語られがちであるが、承認も自己愛もそれ自体は決してネガティブなものではない。承認に関していえば、ヘーゲルは、自己であるためには「互いに承認し合っているものとして互いに承認し合っている」必要がある[3]としており、そもそも自己は他者との相互承認なしには存在し得ない。また自己愛にはさまざまな概念があるが、病的なものではなく、広く誰にでもあるものとして捉える自己愛概念もある。たとえば、コフートは自己愛を発達するもの（自体愛から自己愛を経て対象愛に至る道筋と、自体愛から自己愛を経て成熟した自己愛に至る道筋）として捉え、このような自己愛の発達もしくは成熟の過程で自己愛を満たしてくれる対象として、①鏡映自己対象（自分自身を肯定的に鏡のように映してくれる存在）、②理想化自己対象（自分の理想や憧れを受けもってくれる存在）、③双子自己対象（自分と共通点があり、似ていることが感じられる存在）の三つの自己対象を想定している。[4] 人間が発達していく過程においても、日常的な人とのつながりにおいてもこのような自己対象は感じられ、幼いころ、親にほめられてうれしかったように大切な人にほめられればうれしいと感じるし、自分の気持ちが大切な人に伝わればこころにしみる。ＳＮＳにおいては、「いいね」の数は、投稿に投影された自分を肯定的にみてくれる者の数である。この可視化された「いいね」は投稿者にとっての鏡映自己対象となり、自己愛を満たしてくれるものとなる。そして、そこで得られる承認はそのコミュニティとのつながりを強くする。

中学生のＳＮＳの利用目的をみると、多くの中学生は友だちや知り合いとコミュニケーションをとるため（七七・一％）や、学校や部活の連絡のため（六八・一％）など、リアルでつながりのある友だちや知り合いと連絡を取り合っており、既存のつながりを維持、強化する目的でＳＮＳを利用している。[5] つまり、クラスのなかに居場所のある子どもたちの「つながる気持ち」は、オンライン空間であるＳＮＳを通じて、クラスなどの現実のコミュニティでの承認をよりたしかなものとしているといえる。

リアルに居場所のない子どもたちの「つながる気持ち」

一方で、「いい人」や「付き合いがいい」キャラを演じながらなんとかクラスのなかにいる子どもたちはどうだろうか？　そのような子どもたちが、現実のコミュニティのなかで求められる同調性に疲れて、学校に行けなくなってしまうこともしばしばあるだろう。学校に行けなくなることは、学校という大きな居場所を失うことを意味し、多くの場合、クラスなどとつながった個人的なコミュニケーションを失うことにもなる。家族の視線も気になり、自分を責め、家庭の居心地があまりよいものではなくなることも多く、家庭という居場所も揺らぐこととなる。

また、思春期はアイデンティティを獲得するためのモラトリアムの時期でもある。学校に行けなくなることで、これまでなんとなく思い描くことができた未来像が描けなくなり、「自分は将来どうなってしまうんだろう」といった不安や、これまで棚上げされてきた「自分って何だろう？」という問いが、あり余る時間とともに押し寄せてくることも多い。

この「自分とは何者か？」という問いの答えでもあるアイデンティティの獲得には、自己同一性（自分が自分であるという感覚）、連続性（過去も現在も未来も自分であるという感覚）、帰属する社会からの承認という三つの要素が必要だといわれている[6]が、学校に行けなくなった子どもは、学校というコミュニティにおける自分自身への承認をなくしてしまうとともに、「家族にも迷惑をかけている」と感じ、自責的になることもある。「中学校を卒業したら、高校に行って、大学に入って……」と、それまで自分が思い描いていた未来像も描けなくなる。それとともに、これまでは猶予期間として棚上げできていた「自分は何のために生きているんだろう？」「自分って何なんだろう？」という問いがふとした拍子に頭のなかに湧き上がってくる。つまり、学校に行けなくなった子どもたちは、学校という居場所を失うだけでなく、自己同一性、連続性、帰属する社会からの承認という三つのアイデンティティ獲得の構成要素が一気に揺らぐこととなり、アイデンティティの危機に直面し、「自分のことは誰も認めてくれない」「自分は何者にもなれない」「自分には何もない」という不安に直面する。そのような子どもたちの「つながる気持ち」はどこに向かうのだろう？　そのゆくえを本書では眺めてきた。

　学校に行けなくなり、「自分のことは誰も認めてくれない」「生きているのがつらい」と漂った気持ちが、ＳＮＳを中心とするコミュニティにつながることもある（第1章）。そうしたなかで「生きているのがつらい」とつぶやいた投稿に「いいね」が押されれば、自分の気持ちが認められたように感じるだろう。このような「いいね」は、鏡映自己対象として自分をそっと励ましてくれることになる。ＳＮＳのなかではアニメや漫画、推しのバンドなど共通の趣味でつながった友だちと長く親密な関係を築くこともある。学校というコミュニティではキャラの制約もあり、あまり大きな声では言えなかった趣味も、ＳＮＳのなかでは大きな声で話すことができる。このような共通の趣味を通じて出会い、一緒に推し活に出かける友だちは、双子自己対象として「自分と同じ」気持ちをもつ人とのつながりを感じさせてくれる。

「自分は何者にもなれない」という不安は、「何者かになりたい」「何者かにならねば」という気持ちと親和性が高く、YouTuberやeスポーツプレイヤーを目指す子どももいる。eスポーツプレイヤーは思春期の子どもがなりたい職業で上位に入る職業の一つであり、子どもたちの日常にあるYouTubeの実況やライブ配信などを通じて、①身近に感じられ、自分にも真似できそうと思わせてくれることや、②確固とした「何者かである」創造性を感じさせることから、「何者かになりたい」気持ちの受け皿になることもある（第2章）。毎日配信で出会う憧れのeスポーツプレイヤーは、理想化自己対象として「自分もこうなりたい」と思わせてくれ、配信でコメントが読まれればつながりも感じさせてくれる。また、「何者にもなれない」不安が小説や創作活動を中心とするコミュニティにつながることもある（第3章）。インターネットの小説投稿サイトやイラスト投稿サイトの世界は、作者と消費者の境界線が非常に曖昧な構造になっている。つまり、多くの読者は自身もネット小説を投稿する作者であり、作品は作者と読者の交流を通じて完成されていく。このような作者にとって、自身の小説を読み、コメントを返してくれる読者は、鏡映自己対象として自分を励ましてくれる存在であると同時に、双子自己対象、つまり「自分と同じ」夢をもった作者仲間でもある。

「自分には何もない」という不安がオンラインゲームにつながることもある（第8章）。不安を振り払うようにガチャを回し、強くなった自分のキャラには自己を投影することもできる。また、強くなった自分に話しかけてくれたり、称賛してくれたりする仲間がいることで、居場所を感じられることもある。ガチャを通じて得たキャラは強くなりたい自分の理想化自己対象として、そして周りに集ってくれる仲間は鏡映自己対象として、現実で折れかかった自分を支えてくれる。

現実のコミュニティでの苦しさや「自分を認めてほしい」といった思いがSNSへとつながり、恋愛に発展することもある（第4章）。SNSにおいては開示されている個人を識別する情報は非常に限定される。Xであればプロフィール欄に書いてある内容やつぶやき、DMなどの文字ベースのやりとりから、Yay!などの声でつながるSNSであればプロフィール欄と声や口調から、相手の人となりを想像することとなる。そして、社会的背景（家族や現実の友だち関係）がまったくみえない人と親密なやりとりをするようになっていく。このように一部が隠された相手は理想化されやすく、社会的な背景は知らないけれど親密なインティメイト・ストレンジャーとして捉えられるようになり、恋人となり、毎日通話をつなぎっぱなしにし、生活をともにしているかのような体験をすることもある[7]。そのような恋人は鏡映自己対象として、「そのままの君でいいんだよ」と、毎日自分とつながり、傷ついた自分を支えてくれる存在となる。

現実での苦しさが小規模なライブ配信につながることもある[8]（第9章）。小規模なライブ配信では、視聴者は「いらっしゃい」と歓迎され、他の視聴者からも「はじめまして！」とくだけた挨拶をもらう。配信者の一人語りや他の視聴者とのやりとりに耳を傾けていると、急に自分の名前が呼びかけられることもあるし、コメントを書けばすぐにレスポンスがある。深夜の配信では視聴者が「仕事がつらい」などと日常の愚痴を書き、それを見た配信者が「頑張れー」

「私もだ」と大きな声で励ますこともある。このような配信でのやりとりは鏡映自己対象としても理想化自己対象としても傷ついた自分を支え、励ましてくれる。

　このようにリアルで居場所をなくした子どもたちの「つながる気持ち」は、SNSやライブ配信、オンラインゲーム、創作活動などといったインターネット上のコミュニティにつながり、その世界における自身の承認をたしかなものにする。そして、子どもたちはそのようなオンラインの世界に居場所を見出していく。

オンラインの居場所が私たちの居場所と地続きになるために

　SNSなどの世界では簡単に自己対象と出会うことができるが、それによる満足感の貯蓄がきかないため、日常生活で自己愛を満たしきれていない者を虜にしてしまいやすいともいわれている。[8]実際に、社交場面に不安がある者は、インターネットが親密な自己開示の場として価値があると認識する傾向があり、ここからは、現実のコミュニティに居場所がなくコミュニケーションに不安を抱えている者ほどオンラインのコミュニティに価値を見出しやすいこと、そこに傾倒しやすいことが推測されるが、これはいわゆる社会的補償仮説と一致するものである。[3][9][10]本書で描いてきた子どもたちの多くは、たしかに現実のなかに居場所をなくし、その「つながる気持ち」はオンラインの世界の居場所へとつながっていた。一方で、多くの子どもたちはその後、現実のなかにも居場所を見出すに至っている。そうした子どもたちにとって、オンラインの居場所と現実の居場所をつなげたものは何だったのだろうか？

多くの事例では、子どもたちのこころの健康の回復に先立って、家庭での居場所の回復が認められていた。両親をはじめとする周囲の大人が子どもの苦しみに共感し、子どもの好きなことに肯定的な眼差しを向けることで、子どもたちは大人から隠れる必要がなくなり、自分の好きなことに関して親子で話もできるようになる。問題のあるゲームの使用に関しては、二年間の縦断研究により、親子関係のつながりやあたたかい家庭環境が保護因子になることを示唆する報告もある[11]が、これはゲームに限らず、ＳＮＳやその他のオンラインのコミュニティへの傾倒に関してもいえることだろう。

そう考えると、支援者の役割としては、学校に行けなくなり現実のコミュニティで苦しんでいる子どもとそれを心配する周囲の大人との橋渡しをし、大人と子どもの世界を近づけ、親子の適切なコミュニケーションを促し、親子関係をこじらせないことが大切になってくる。傷ついたわが子が学校に行かず、友だちとも遊ばなくなり、ＳＮＳやオンラインゲーム、ネット上の創作活動に没頭する姿を見て心配にならない親はいないだろう。ときにはそこから遠ざけたいあまり、ゲーム機器などを取り上げたい気持ちも湧いてくる。取り上げは親子の対立を大きくし、親子の世界を遠ざけるなどあまりよい結果を生まないことのほうが多いのだが、このような親に「取り上げてはいけません」と伝えてもあまり意味はない。

では、子どもたちのいるオンラインの世界に近づくために、私たち大人はいったいどうすればよいのだろうか？

一つは、「オンラインの友だちじゃなくて現実の友だちをつくってほしい」といった、オンラインの友だち／現実の友だちという区別をやめることだろう。子どもたちにとっては、どんなコミュニティで出会ったとしても、それは現実の友だちであり、学校などの友だちの下位互換では決してない。「そんな友だちと遊ぶのもいいかもしれないけど、たまには○○君とも遊んだら？」などと言われたら、誰だって気分が悪くなるだろう。そんなことを言う大人と子どもの世界がつながることは、控えめにいってあまりない。

次に、子どもたちの苦しさに共感し、オンラインの世界で出会ったものごとや人との関係性に肯定的であたたかい視線を向けることも必要だろう。もちろんこの場合、アニメやゲーム、ネット小説など子どもの大好きなものを大人も好きであるに越したことはないが、その世界に精通している必要はない。子どもたちがそこからどんなポジティブなものを得ているのか、興味と敬意をもって、耳を傾けるだけでもよいだろう。そんな大人にも、子どもたちは、自分の大好きな世界について優しく教えてくれることだろう。

そして、重要なことがもう一つある。それは、子どもの大好きなことで子どもを操作しないことだ。現実に傷ついた子どもたちにとって、ＳＮＳであれ、オンラインゲームであれ、その居場所は本当に大切なものであり、「(興味はないけど) 好きなことの話で関係づくりをしよう」などといった大人の浅はかな気持ちは、見透かされるばかりか、子どもたちの深い傷つきにもつながることになる。

「何者かになりたい」気持ちのゆくえ

最後に、現実の苦しさから「何者かになりたい」と願った気持ちはどこにたどりつくのかについても考える必要がある。本書で描いてきた事例のなかにも「eスポーツプレイヤーになる」と語った事例（第2章）やウェブ小説を書いている事例（第3章）があった。彼らが実際にeスポーツプレイヤーになったり、人気のウェブ小説家になったりしたかといえばそうではない。「eスポーツプレイヤーになる」と語った青年は、家庭での居心地がよくなるにつれて、通信制高校に進学することに決め、現在は高校のeスポーツ部に所属している。プロになるのを目指しているかといえばそうではなく、「eスポーツ部にいるからって、プロにはなれないよ。自分は全然強くないし、本気でやってるやつはもっと強い」「友だちと大会に出るから、全然やったことないゲームを今はやってる。弱いけど、普通に楽しい。弱すぎて笑えるし」と語り、部活でできた新たな友だちとの関係を楽しんでいるようである。ウェブ小説を投稿していた青年も、読者との交流が進み、自分のことを話すようになり、匿名性の水準が下がるにつれて「最近はそれ（小説のこと）よりもカードゲームとかそんな話ばっかり」「Discordでしょっちゅう話すし、なんだったら昨日も一緒に遅くまで話してたし」と語るようになり、小説はときどき投稿する程度になっている。けれども、彼らがeスポーツのプロや商業展開されるような売れっ子のウェブ小説家になれなかったからといって、アイデンティティの獲得に失敗し、つらい思いをしているのかといえば、決してそうではない。「eスポーツプレイヤーになる」と語った青年は、今でも「弱すぎて笑える」ほどにカジュアルにゲームを楽しんでいるし、小説を投稿していた青年も読者であった友だちとの交流を楽しんでいる。

エリクソンは自分にとって重要な他者や集団からの承認のなかでアイデンティティは獲得されると考えており、そのような他者や集団として地域社会、血縁や職場などを想定していた。かつては、一度ついた仕事をずっと続けることや、血縁者が一緒に暮らすことが当然であり、自己を承認してくれる他者や集団は現代と違って自明のものであったと考えられる。けれども、現代においては、核家族化が進むとともに結婚をしないという選択をする人も増え、自己を承認する他者や集団はみえにくくなっている。ウォレスは、それぞれの個人が新しい自分の仮面について試行錯誤できるといったインターネットの性質から、「インターネットのアイデンティティ実験室」という言葉を用いているが[12]、何者かになりたい子どもたちにとって、たしかにオンラインのコミュニティは「アイデンティティ実験室」としての性質をもつ。オンラインゲームの世界においても、小説投稿サイトにおいても、そこに集まる仲間たちはみなモラトリアムのなかでアイデンティティの実験をする者である。だからこそ、少しずつ交流が進み、匿名性の水準が下がり、雑談などを楽しんでいくうちに、「アイデンティティ実験室」は安心して素の自分でいられる現実の居場所になっていく。

「何者かになりたい」と願った子どもたちの「つながる気持ち」は、オンラインのコミュニティで「アイデンティティ実験室」へと向かう。そのコミュニティが家族などからも承認されるとともに、そこで出会った友だちとの交流が進み匿名性の水準が下がるにつれて、かつての「アイデンティティ実験室」は、彼らにとって現実の居場所へとその機能を変えていくといえるだろう。

そして、「自分はそのままの自分でいいんだ」ということを知るのだろう。

おわりに

ライフサイクルに応じて、子どもたちの居場所は変化していきます。乳児期には家庭が主な居場所であり、幼児期になればそこに幼稚園や保育園も加わるでしょう。学童期には家庭や学校が主な居場所となります。

子どもたちの居場所はまた遊び場でもあります。昭和の時代には道路や空き地なども子どもたちの遊び場として機能していましたが、現代ではそのような大人の目が届きにくい遊び場はみられなくなりつつあります。

遊び場に大人の目が行き届くほど、子どもたちの「安全」は担保されるかもしれません。一方で、子どもたち自身の「安心」が担保されるとは限りません。

現代では多くの子どもたちが早くからＳＮＳやオンラインゲームを遊び場としていますが、そこは大人の目が届きにくい世界であり、そのなかでつながりを確かめる子どもたちが少なくありません。ＳＮＳで出会った誰かと恋に落ちる子ども、ＳＮＳだけで本当の気持ちを伝える子ども、学校では見つけられなかった友だちをネットのなかで見つける子ども。なぜ素性のわからない誰かと遊んだり、恋に落ちたりできるのか、大人は不思議に思うこともあるでしょう。たしかに、ＳＮＳでは社会的属性や外見など「その人が誰か」を示す社会的記号が欠落することが多く、不完全な情報から相手の人柄を想像することになります。まるで、平安時代の男女が、御簾越しに相手の姿を想像し、詠んだ歌からその人柄や知性を想像したかのようです。あるいは、昭和の男女が、届いた手紙やピンボケの写真から相手の人柄や容姿を想像したかのようです。想像は理想化されやすく、だからこそ、いつの時代もつながりを求める気持ちは、不完全なものに向かいやすいのかもしれません。

一方で、ＳＮＳやオンラインゲームのつながりを安全に築くのは誰にとっても難しいことです。大人からは、その世界は見えにくく、子どものスマホ越しに想像するしかない世界ですから、大人は子どもがそこで誰かとつながることに不安を抱き、遠ざけたくなるのでしょう。ときには、その不安が親子の対立につながり、そのような相談が診察室に持ち込まれることもありますが、その際の私たち臨床家の役割は、目の前の子どもがつながりを求めた気持ちやそこから得ているものについて保護者に丁寧に伝え、親子の橋渡しをすることでしょう。そして、ＳＮＳやオンラインゲームの「安全」だけでなく、その世界の「安心」について、親子が語り合える関係を築いていけるようにそっと支えることでしょう。

本書の大部分は、二〇二二年から二年間にわたり雑誌『こころの科学』に連載した「つながる気持ちはどこへ行く？——思春期の生きづらさとＳＮＳ」に加筆・修正したものです。日本評論社の木谷陽平さんには、連載から書籍化に至るまで大変お世話になりました。この場を借りて御礼申し上げます。また、最後になりましたが、事例を紹介することを承諾してくださった子どもたちや保護者のみなさんにも厚く御礼申し上げます。みなさんが頑張ってきたことが未来の子どもたちや保護者の方々の幸せにつながるように、できるだけ丁寧に言葉を紡がせていただきました。

本書を最後まで読んでいただき、ありがとうございました。

二〇二四年四月　関　正樹

引用文献

第1章

[1] 総務省情報通信政策研究所「令和四年度情報通信メディアの利用時間と情報行動に関する調査報告書」二〇二三年（https://www.soumu.go.jp/main_content/000887660.pdf）

[2] 総務省情報通信政策研究所「中学生のインターネットの利用状況と依存傾向に関する調査」二〇一六年（https://www.soumu.go.jp/iicp/chousakenkyu/data/research/survey/telecom/2016/20160630_02.pdf）

[3] 保坂亨、岡村達也「キャンパス・エンカウンター・グループの発達的・治療的意義の検討—ある事例を通して」『心理臨床学研究』四巻、一五—二六頁、一九八六年

[4] 保坂亨『学校を欠席する子どもたち—長期欠席・不登校から学校教育を考える』東京大学出版会、二〇〇〇年

[5] 岩宮恵子『フツーの子の思春期—心理療法の現場から』岩波書店、二〇〇九年

[6] 千島雄太、村上達也「現代青年における〝キャラ〟を介した友人関係の実態と友人関係満足感の関連——〝キャラ〟に対する考え方を中心に」『青年心理学研究』二六巻、一二九—一四六頁、二〇一五年

[7] van Orden, K.A., Witte, T.K., Cukrowicz, K.C. et al.: The interpersonal theory of suicide. *Psychol Rev* 117: 575-600, 2010.

[8] 「ＳＮＳ被害の子ども　ツイッターで知り合い、ＬＩＮＥでやり取りが最多」毎日新聞デジタル、二〇二三年三月九日（https://mainichi.jp/articles/20230309/k00/00m/040/039000c）

[9] 「ＳＮＳで出会う時代？『ＳＮＳでつながった知らない人と実際に会ったことがある』二〇代三六・三％」（株式会社パートナーエージェントによる「『ＳＮＳでの出会い』に関するアンケート調査」）二〇一九年（https://prtimes.jp/main/html/rd/p/000000374.000006313.html）

コラム１

［1］Alao, A.O., Soderberg, M., Pohl, E.L. et al.: Cybersuicide: review of the role of the internet on suicide. *Cyberpsychol Behav* 9: 489-493, 2006.

［2］Kiesler, S., Siegel, J., McGuire, T.W.: Social psychological aspects of computer-mediated communication. *Am Psychol* 39: 1123-1134, 1984.

［3］Stack, S.: Media coverage as a risk factor in suicide. *Inj Prev* 8: IV30-IV32, 2002.

［4］World Health Organization（ＷＨＯ）（自殺総合対策推進センター訳）「自殺対策を推進するためにメディア関係者に知ってもらいたい基礎知識二〇一七年最新版」二〇一九年（https://www.mhlw.go.jp/content/000526937.pdf）

［5］Harris, K.M., McLean, J.P., Sheffield, J.: Examining suicide-risk individuals who go online for suicide-related purposes. *Arch Suicide Res* 13: 264-276, 2009.

［6］厚生労働省「令和四年四月〜令和五年三月分ＳＮＳ相談事業の実施結果」二〇二三年（https://www.mhlw.go.jp/content/000987379.pdf）

第２章

［1］ベネッセコーポレーション「『進研ゼミ小学講座』小学生一・八万人の意識調査ランキング二〇二三」二〇二三年（https://benesse.jp/shinro_shokugyo/202212/20221201-1.html）

［2］ソニー生命「中高生が思い描く将来についての意識調査二〇二三」二〇二三年（https://www.sonylife.co.jp/company/news/2023/nr_230725.html#sec6）

［3］学研教育総合研究所「小学生白書Web版一九八九年（平成元年）調査 調査結果」二〇一九年（https://www.gakken.co.jp/kyouikusouken/whitepaper/198900/index.html）

［4］ベネッセ教育総合研究所「若者の仕事生活実態調査報告書—二五〜三五歳の男女を対象に」二〇〇六年（https://berd.benesse.jp/koutou/research/detail1.php?id=3175）

［5］総務省情報通信政策研究所「令和四年度情報通信メディアの利用時間と情報行動に関する調査報告書」二〇二三年（https://www.soumu.go.jp/main_content/000887660.pdf）

［6］「【二〇二一年版】小学生に一番人気のゲーム実況者&ゲームタイトルは？『ゲムトレ』が、ゲーム

に関するアンケート調査を小学生三五五人に実施！」ゲムトレ、二〇二一年（https://gametrainer.jp/data2021/）

[7]「【二〇二一年版】小学生に人気のYouTuberランキング！人気の秘密を解説！」FULMAブログ、二〇二一年（https://fulma.com/blogs/17）

[8] ジャン・ボードリヤール（竹原あき子訳）『シミュラークルとシミュレーション』法政大学出版局、一九八四年

[9]「グローバルeスポーツマーケットレポート二〇二〇」KADOKAWA Game Linkage、二〇二〇年（https://kadokawagamelinkage.jp/news/pdf/news200730.pdf）

[10] エリク・H・エリクソン（小此木啓吾訳編）『自我同一性—アイデンティティとライフ・サイクル』誠信書房、一九七三年

[11] 辻大介「若者の親子・友人関係とアイデンティティ—一六〜一七歳を対象としたアンケート調査の結果から」『関西大学社会学部紀要』三五巻、一四七—一五九頁、二〇〇四年

[12] 村瀬学『一三歳論—子どもと大人の「境界」はどこにあるのか』洋泉社、一九九九年

第3章

[1]「『小説家になろう』インタビュー　文芸に残された経済的活路」KAI-YOU.net、二〇一九年（https://premium.kai-you.net/article/53）

[2]「pixivのユーザー登録数が三〇〇〇万人を突破」pixivホームページ、二〇一八年（https://www.pixiv.co.jp/news/press-release/article/6050/）

[3] 文部科学省初等中等教育局児童生徒課「令和四年度　児童生徒の問題行動・不登校等生徒指導上の諸課題に関する調査結果について」二〇二三年（https://www.mext.go.jp/content/20231004-mxt_jidou01-100002753_1.pdf）

[4] エリク・H・エリクソン（小此木啓吾訳編）『自我同一性—アイデンティティとライフ・サイクル』誠信書房、一九七三年

[5] 飯田一史『ウェブ小説の衝撃—ネット発ヒットコンテンツのしくみ』筑摩書房、二〇一六年

[6] ジャン・ボードリヤール（竹原あき子訳）『シミュラークルとシミュレーション』法政大学出版局、一九八四年

[7] 大塚英志『定本物語消費論』角川文庫、二〇〇一年

[8] 東浩紀『動物化するポストモダン—オタクから見

た日本社会』講談社現代新書、二〇〇一年

第4章

[1] 総務省「次世代ICT社会の実現がもたらす可能性に関する調査研究報告書」二〇一一年（https://www.soumu.go.jp/johotsusintokei/linkdata/h23_05_houkoku.pdf）

（2）ノマドマーケティング株式会社「ネット恋愛とは!?ネット恋愛をしたことある割合を年代別に調査！『きっかけ』『男性心理』『女性心理』まで」二〇二一年（https://prtimes.jp/main/html/rd/p/000000037.000059676.html）

（3）株式会社SheepDog「一〇代／二〇代の約一二%がほぼ毎日、恋人と寝落ち通話をしていると回答【恋人との寝落ち通話についてのアンケート】」二〇二一年（https://prtimes.jp/main/html/rd/p/000000022.000077217.html）

[4] デジタルアーツ株式会社「第一一回未成年者の携帯電話・スマートフォン利用実態調査」二〇一八年（https://www.daj.jp/company/release/common/data/2018/030701_reference.pdf）

[5]『SNS―少女たちの一〇日間』オフィシャルサイト（https://www.hark3.com/sns-10days/）

[6]「SNS犯罪被害、一八歳未満は一八一二人　昨年、警察庁」朝日新聞デジタル、二〇二二年三月一一日（https://digital.asahi.com/articles/DA3S15230177.html）

[7] 富田英典『インティメイト・ストレンジャー―「匿名性」と「親密性」をめぐる文化社会学的研究』関西大学出版部、二〇〇九年

[8] Valkenburg, P.M., Peter, J.: Preadolescents' and adolescents' online communication and their closeness to friends. *Dev Psychol* 43: 267-277, 2007.

[9] 片山千枝『女子はなぜネットを介して出会うのか―青年期女子へのインタビュー調査から』青弓社、二〇二二年

[10] アンソニー・ギデンズ（松尾精文、松川昭子訳）『親密性の変容―近代社会におけるセクシュアリティ、愛情、エロティシズム』而立書房、一九九五年

[11] 加藤千枝「青少年女子のインターネットを介した出会いの過程―女子中高生一五名への半構造化面接結果に基づいて」『社会情報学』二巻、四五―五七頁、二〇一三年

[12]「正直、SNSで親と繫がってる？『繫がりたくない』親とSNSと私のリアル調査」CanCam.jp、

二〇一七年（https://cancam.jp/archives/476770）

コラム2

[1] モバイル社会研究所「二〇二三年親と子の調査」二〇二四年（https://www.moba-ken.jp/project/children/kodomo20240129.html）

[2] 内閣府「令和四年度 青少年のインターネット利用環境実態調査 調査結果（概要）」二〇二三年（https://www.cfa.go.jp/assets/contents/node/basic_page/field_ref_resources/ce23136f-8091-4491-9f29-01fc8a98cf83/18a29c16/20230401_councils_internet-kaigi_ce23136f_10.pdf）

第5章

[1] 総務省情報通信政策研究所「令和四年度情報通信メディアの利用時間と情報行動に関する調査報告書」二〇二三年（https://www.soumu.go.jp/main_content/000887660.pdf）

[2] 内閣府「令和四年度 青少年のインターネット利用環境実態調査 調査結果（概要）」二〇二三年（https://www.cfa.go.jp/assets/contents/node/basic_page/field_ref_resources/ce23136f-8091-4491-9f29-01fc8a98cf83/18a29c16/20230401_councils_internet-kaigi_ce23136f_10.pdf）

[3] イェスパー・ユール（松永伸司訳）『ハーフリアル—虚実のあいだのビデオゲーム』ニューゲームズオーダー、二〇一六年

[4]「【二〇二一年版】小学生に一番人気のゲーム実況者&ゲームタイトルは？『ゲムトレ』が、ゲームに関するアンケート調査を小学生三五五人に実施！」ゲムトレ、二〇二一年（https://gametrainer.jp/data2021/）

[5] Gray, P., Lancy, D.F., Bjorklund, D.F.: Decline in independent activity as a cause of decline in children's mental well-being: summary of the evidence. *J Pediatr* 260, 113352, 2023.

[6] 滝川一廣『子どものための精神医学』医学書院、二〇一七年

[7] 藤田純一、青山久美、戸代原奈央「児童・青年期のインターネット・ゲーム依存—大学病院での経験から」『児童青年精神医学とその近接領域』六〇巻、一四七—一五七頁、二〇一九年

[8] Snodgrass, J.G., Bagwell, A., Patry, J.M. et al.: The partial truths of compensatory and poor-get-poorer internet use theories: more highly involved videogame players experience greater psychosocial

benefits. *Comput Human Behav* 78: 10-25, 2018.

[9] Iacovides, I., Mekler, E.D.: The role of gaming during difficult life experiences. In: Proceedings of the 2019 CHI Conference on Human Factors in Computing Systems, Paper No.223. pp.1-12, Association for Computing Machinery, 2019.

[10] Schneider, L.A., King, D.L., Delfabbro, P.H.: Family factors in adolescent problematic Internet gaming: a systematic review. *J Behav Addict* 6: 321-333, 2017.

[11] Zhu, J., Zhang, W., Yu, C. et al.: Early adolescent internet game addiction in context: how parents, school, and peers impact youth. *Comput Human Behav* 50: 159-168, 2015.

[12] Sestir, M.A., Bartholow, B.D.: Violent and nonviolent video games produce opposing effects on aggressive and prosocial outcomes. *J Exp Soc Psychol* 46: 934-942, 2010.

[13] Kühn, S., Kugler, D.T., Schmalen, K. et al.: Does playing violent video games cause aggression? A longitudinal intervention study. *Mol Psychiatry* 24: 1220-1234, 2019.

第6章

[1] 滝川一廣『子どものための精神医学』医学書院、二〇一七年

[2] 文部科学省初等中等教育局児童生徒課「令和四年度　児童生徒の問題行動・不登校等生徒指導上の諸課題に関する調査結果について」二〇二三年（https://www.mext.go.jp/content/20231004-mxt_jidou01-100002753_1.pdf）

[3] 日本財団「不登校傾向にある子どもの実態調査」二〇一八年（https://www.nippon-foundation.or.jp/app/uploads/2019/01/new_inf_20181212_01.pdf）

[4] 作田亮一「心身症と睡眠障害―不登校や起立性調節障害との関連」『小児内科』四九巻、一一六二―一一六六頁、二〇一七年

[5] 樋口重和「光と生体リズム」駒田陽子、井上雄一編『子どもの睡眠ガイドブック―眠りの発達と睡眠障害の理解』朝倉書店、二〇一九年

[6] 碓氷章「概日リズム睡眠・覚醒障害（CRSWD）」駒田陽子、井上雄一編『子どもの睡眠ガイドブック―眠りの発達と睡眠障害の理解』朝倉書店、二〇一九年

[7] American Academy of Sleep Medicine:

International classification of sleep disorders. third edition. 2014.

[8] 大川匡子編『睡眠障害の子どもたち―子どもの脳と体を育てる睡眠学』合同出版、二〇一五年

[9] 高木隆郎「登校拒否の心理と病理」『季刊精神療法』三巻、二一八―二三五頁、一九七七年

[10] 齋藤万比古「不登校」山崎晃資、牛島定信、栗田広他編『現代児童青年精神医学』永井書店、二〇〇二年

第7章

[1] 文部科学省初等中等教育局児童生徒課「令和四年度　児童生徒の問題行動・不登校等生徒指導上の諸課題に関する調査結果について」二〇二三年（https://www.mext.go.jp/content/20231004-mxt_jidou01-100002753_1.pdf）

[2] Idsoe, T., Dyregrov, A., Idsoe, E.C.: Bullying and PTSD symptoms. *J Abnorm Child Psychol* 40: 901-911, 2012.

[3] Ledley, D.R., Storch, E.A., Coles, M.E. et al.: The relationship between childhood teasing and later interpersonal functioning. *J Psychopathol Behav Assess* 28: 33-40, 2006.

[4] 三島浩路「小学校高学年で親しい友人から受けた『いじめ』の長期的な影響―高校生を対象にした調査結果から」『実験社会心理学研究』四七巻、九一―一〇四頁、二〇〇八年

[5] ロリ・アーンスバーガー（奥田健次監訳、冬崎友理訳）『いじめ防止の3R―すべての子どもへのいじめの予防と対処』学苑社、二〇二一年

[6] 東京都教育庁「いじめ問題に関する研究（二年次）」二〇一三年（https://www.kyoiku-kensyu.metro.tokyo.lg.jp/09seika/reports/files/bulletin/h25/h25_09.pdf）

[7] 西村麻希「中学生におけるネットいじめの実態―心理的支援および情報モラル教育のあり方についての検討」『西九州大学子ども学部紀要』六号、三三―四六頁、二〇一四年

[8] 内閣府「令和四年度　青少年のインターネット利用環境実態調査」二〇二三年（https://warp.ndl.go.jp/info:ndljp/pid/12772297/www8.cao.go.jp/youth/kankyou/internet_torikumi/tyousa/r04/net-jittai/pdf-index.html）

[9] 原清治編『ネットいじめの現在―子どもたちの磁場でなにが起きているのか』ミネルヴァ書房、二〇二一年

[10] Bottino, S.M.B., Bottino, C.M.C., Regina, C.G. et

al.: Cyberbullying and adolescent mental health: systematic review. *Cad Saude Publica* 31: 463-475, 2015.

[11] 荻上チキ『いじめを生む教室―子どもを守るために知っておきたいデータと知識』ＰＨＰ新書、二〇一八年

第8章

[1] 中川大地『現代ゲーム全史―文明の遊戯史観から』早川書房、二〇一六年

[2] 三菱ＵＦＪリサーチ&コンサルティング「オンラインゲームの動向整理」二〇二二年（https://www.caa.go.jp/policies/policy/consumer_policy/caution/internet/assets/consumer_policy_cms106_220630_08.pdf）

[3] 盛本晶子「時間選好率および現在バイアス性がオンラインゲーム内コンテンツへの課金行動に与える影響」『行動経済学』一一巻、一一―一三頁、二〇一八年

[4] 小川一仁、川村哲也、小山友介他「日本の小中高生はオンラインゲームにどれほど課金しているのか？―教室内アンケートを用いた分析」『情報通信学会誌』三七巻、四七―五二頁、二〇一九年

[5] 岩間達也「第９章　アイテム課金制による無料オンラインＰＣゲーム」デジタルゲームの教科書制作委員会『デジタルゲームの教科書―知っておくべきゲーム業界最新トレンド』ソフトバンククリエイティブ、二〇一〇年（一部改変して引用）

[6] Brooks, G.A., Clark, L.: Associations between loot box use, problematic gaming and gambling, and gambling-related cognitions. *Addict Behav* 96: 26-34, 2019.

[7] Kristiansen, S., Severin, M.C.: Loot box engagement and problem gambling among adolescent gamers: findings from a national survey. *Addict Behav* 103: 106254, 2020.

[8] Zendle, D.: Problem gamblers spend less money when loot boxes are removed from a game: a before and after study of Heroes of the Storm. *PeerJ* 7: e7700, 2019.

[9] Brand, M., Young, K.S., Laier, C. et al.: Integrating psychological and neurobiological considerations regarding the development and maintenance of specific Internet-use disorders: an Interaction of Person-Affect-Cognition-Execution (I-PACE) model. *Neurosci Biobehav Rev* 71: 252-266, 2016.

[10] Zendle, D., Meyer, R., Over, H.: Adolescents and

loot boxes: links with problem gambling and motivations for purchase. *R Soc Open Sci* 6: 190049, 2019.

[11] Schneider, L.A., King, D.L., Delfabbro, P.H.: Family factors in adolescent problematic internet gaming: a systematic review. *J Behav Addict* 6: 321-333, 2017.

第9章

[1] PLAYBOARD, Most Super Chatted Channels in Worldwide. (https://playboard.co/en/)

[2] 総務省情報通信政策研究所「令和四年度情報通信メディアの利用時間と情報行動に関する調査報告書」二〇二三年（https://www.soumu.go.jp/main_content/000887660.pdf）

[3] クロス・マーケティング「ライブ配信に関する調査（二〇二二年）」二〇二二年（https://www.cross-m.co.jp/report/life/20220209live/）

[4]「二〇代の二二%が一日に二時間以上ライブ配信を視聴【（一〇代・二〇代向け）ライブ配信に関するアンケート】」ＳＴＲＡＴＥ、二〇二一年（https://strate.biz/news/live-streaming/）

[5] インターネット消費者取引連絡会「第三一回インターネット消費者取引連絡会　資料1　ライブ配信サービス（投げ銭等）の動向整理」二〇一八年（https://www.caa.go.jp/policies/policy/consumer_policy/policy_coordination/internet_committee/pdf/internet_committee_190117_0002.pdf）

[6] Shettar, M., Karkal, R., Kakunje, A. et al.: Facebook addiction and loneliness in the post-graduate students of a university in southern India. *Int J Soc Psychiatry* 63: 325-329, 2017.

[7] Błachnio, A., Przepiórka, A., Boruch, W. et al.: Self-presentation styles, privacy, and loneliness as predictors of Facebook use in young people. *Pers Individ Dif* 94: 26-31, 2016.

[8] Guo, Y., You, X., Gu, Y. et al.: A moderated mediation model of the relationship between quality of social relationships and internet addiction: mediation by loneliness and moderation by dispositional optimism. *Curr Psychol* 39: 1303-1313, 2020.

[9] 独立行政法人国民生活センター「子どもがライブ配信サービスで投げ銭!?」二〇一九年（https://www.kokusen.go.jp/mimamori/kmj_mailmag/kmj-support150.html）

[10] Oldenburg, R.: *The great good place: cafes, coffee*

shops, bookstores, bars, hair salons, and other hangouts at the heart of a community. Da Capo Press, 1999.

[11] 加野瀬未友「ガラパゴスな日本のネット界に開国を迫る黒船ネットサービスの歴史」『ユリイカ』四三巻、六八―七四頁、二〇一一年

コラム4

[1]「VTuber（バーチャルYouTuber）、ついに二万人を突破（ユーザーローカル調べ）」二〇二二年(https://www.userlocal.jp/press/20221129vt/)

[2] キズナアイ「インタビュー　シンギュラリティと絆と愛―人間とバーチャルYouTuberが出会うとき」『ユリイカ』五〇巻、二八―三六頁、二〇一八年

[3] 広田稔「バーチャル化する人の存在―VTuberの来し方、行く末」『ユリイカ』五〇巻、四五―五二頁、二〇一八年

[4] 矢野経済研究所「VTuberに関する消費者アンケート調査」二〇二四年（https://www.yano.co.jp/press-release/show/press_id/3455）

[5] 東浩紀『動物化するポストモダン―オタクから見た日本社会』講談社現代新書、二〇〇一年

第10章

[1] 本田秀夫「選好性（preference）の観点からみた自閉スペクトラムの特性および生活の支障」鈴木國文、内海健、清水光恵編『発達障害の精神病理Ⅰ』星和書店、二〇一八年

[2] Russell, S.M.: Hobby preferences and physical activity participation among children with and without autism spectrum disorder. Cal Poly Humboldt theses and projects 152, 2018.

[3] Paulus, F.W., Sander, C.S., Nitze, M. et al.: Gaming disorder and computer-mediated communication in children and adolescents with autism spectrum disorder. *Z Kinder Jugendpsychiatr Psychother* 48: 113-122, 2020.

[4] Finkenauer, C., Pollmann, M.M.H., Begeer, S. et al.: Brief report: examining the link between autistic traits and compulsive internet use in a non-clinical sample. *J Autism Dev Disord* 42: 2252-2256, 2012.

[5] van Schalkwyk, G.I., Marin, C.E., Ortiz, M. et.al.: Social media use, friendship quality, and the moderating role of anxiety in adolescents with autism spectrum disorder. *J Autism Dev Disord* 47: 2805-2813, 2017.

[6] Mazurek, M.O., Shattuck, P.T., Wagner, M. et al.: Prevalence and correlates of screen-based media use among youths with autism spectrum disorders. *J Autism Dev Disord* 42: 1757-1767, 2012.
[7] Suzuki, K., Oi, Y., Inagaki, M.: The relationships among autism spectrum disorder traits, loneliness, and social networking service use in college students. *J Autism Dev Disord* 51: 2047-2056, 2021.
[8] Gillespie-Lynch, K., Kapp, S.K., Shane-Simpson, C. et. al.: Intersections between the autism spectrum and the internet: perceived benefits and preferred functions of computer-mediated communication. *Intellect Dev Disabil* 52: 456-469, 2014.
[9] Kraut, R., Kiesler, S., Boneva, B. et al.: Internet paradox revisited. *J Soc Issues* 58: 49-74, 2002.
[10] 荻上チキ『ウェブ炎上―ネット群集の暴走と可能性』ちくま新書、二〇〇七年
[11] 田中辰雄、山口真一『ネット炎上の研究―誰があおり、どう対処するのか』勁草書房、二〇一六年
[12] 加藤浩平、藤野博「オンラインで（も）できる自閉スペクトラムの子の余暇支援」金子書房note、二〇二〇年（https://www.note.kanekoshobo.co.jp/n/n44ef52cf8186）

第11章

[1] 本田秀夫「選好性（preference）の観点から見た自閉スペクトラムの特性および生活の支障」鈴木國文、内海健、清水光恵編『発達障害の精神病理Ⅰ』星和書店、二〇一八年
[2] Russell, S.M.: Hobby preferences and physical activity participation among children with and without autism spectrum disorder. Cal Poly Humboldt theses and projects 152, 2018.
[3] 関正樹、菱田智也、吉川徹他「発達障害におけるインターネット依存度の調査―ゲームジャンルとの関連から」『児童青年精神医学とその近接領域』六二巻、三六五―三八四頁、二〇二一年
[4] World Health Organization: *International Classification of Diseases 11th Revision*. 2018.
[5] Mazurek, M.O., Shattuck, P.T., Wagner, M. et al.: Prevalence and correlates of screen-based media use among youths with autism spectrum disorders. *J Autism Dev Disord* 42: 1757-1767, 2012.
[6] Paulus, F.W., Sander, C.S., Nitze, M. et al.: Gaming disorder and computer-mediated communication in children and adolescents with autism spectrum disorder. *Z Kinder Jugendpsychiatr Psychother* 48:

113-122, 2020.

[7] Liu, S., Yu, C., Conner, B.T. et al.: Autistic traits and internet gaming addiction in Chinese children: the mediating effect of emotion regulation and school connectedness. *Res Dev Disabil* 68: 122-130, 2017.

[8] 内海健『自閉症スペクトラムの精神病理―星をつぐ人たちのために』医学書院、二〇一五年

[9] ケイティ・サレン、エリック・ジマーマン（山本貴光訳）『ルールズ・オブ・プレイ―ゲームデザインの基礎（上）』ソフトバンククリエイティブ、二〇一一年

[10] Bartle, R.: *Hearts,clubs,diamonds,spades: players who suit MUDs*. Journal of MUD Research, 1996.

[11] 鈴木菜生、岡山亜貴恵、大日向純子他「不登校と発達障害―不登校児の背景と転帰に関する検討」『脳と発達』四九巻、二五五―二五九頁、二〇一七年

第12章

[1] Willcutt, E.G.: The prevalence of DSM-IV attention-deficit/hyperactivity disorder: a meta-analytic review. *Neurotherapeutics* 9: 490-499, 2012.

[2] Barkley, R.A.: Behavioral inhibition, sustained attention, and executive functions: constructing a unifying theory of ADHD. *Psychol Bull* 121: 65-94, 1997.

[3] Sonuga-Barke, E.J.S.: The dual pathway model of AD/HD: an elaboration of neuro-developmental characteristics. *Neurosci Biobehav Rev* 27: 593-604, 2003.

[4] 関正樹、菱田智也、吉川徹他「発達障害におけるインターネット依存度の調査―ゲームジャンルとの関連から」『児童青年精神医学とその近接領域』六二巻、三六五―三八四頁、二〇二一年

[5] Wang, B.-Q., Yao, N.-Q., Zhou, X. et al.: The association between attention deficit/hyperactivity disorder and internet addiction: a systematic review and meta-analysis. *BMC Psychiatry* 17, 260, 2017.

[6] Yen, J.-Y., Liu, T.-L., Wang, P.-W. et al.: Association between internet gaming disorder and adult attention deficit and hyperactivity disorder and their correlates: impulsivity and hostility. *Addict Behav* 64: 308-313, 2017.

[7] So, R., Makino, K., Fujiwara, M. et al.: The prevalence of internet addiction among a Japanese adolescent psychiatric clinic sample with autism spectrum disorder and/or attention-deficit

hyperactivity disorder: a cross-sectional study. *J Autism Dev Disord* 47: 2217-2224, 2017.

[8] Kietglaiwansiri, T., Chonchaiya, W.: Pattern of video game use in children with attention-deficit-hyperactivity disorder and typical development. *Pediatr Int* 60: 523-528, 2018.

[9] Masi, L., Abadie, P., Herba, C. et al.: Video games in ADHD and non-ADHD children: modalities of use and association with ADHD symptoms. *Front Pediatr* 9, 632272, 2021.

[10] Marmet, S., Studer, J., Grazioli, V.S. et al.: Bidirectional associations between self-reported gaming disorder and adult attention deficit hyperactivity disorder: evidence from a sample of young Swiss men. *Front Psychiatry* 9, 649, 2018.

[11] Brand, M., Young, K.S., Laier, C. et al.: Integrating psychological and neurobiological considerations regarding the development and maintenance of specific internet-use disorders: an Interaction of Person-Affect-Cognition-Execution（I-PACE）model. *Neurosci Biobehav Rev* 71: 252-266, 2016.

[12] Han, D.H., Lee, Y.S., Na, C. et al.: The effect of methylphenidate on internet video game play in children with attention-deficit/hyperactivity disorder. *Compr Psychiatry* 50: 251-256, 2009.

[13] Park, J.H., Lee, Y.S., Sohn, J.H. et al.: Effectiveness of atomoxetine and methylphenidate for problematic online gaming in adolescents with attention deficit hyperactivity disorder. *Hum Psychopharmacol* 31: 427-432, 2016.

[14] Stringaris, A., Goodman, R.: Mood lability and psychopathology in youth. *Psychol Med* 39: 1237-1245, 2009.

[15] 加藤浩平「発達障害のある子ども・若者の余暇活動支援の大切さ」加藤浩平編『発達障害のある子ども・若者の余暇活動支援』四―一〇頁、金子書房、二〇二一年

終章

[1]「小学六年生の五割、中学二年生の八割がスマホを所持【モバイル社会研究所調べ】」株式会社インプレス、二〇二三年（https://webtan.impress.co.jp/n/2023/02/22/44335）

[2]「電通総研『若者まるわかり調査二〇一五』を実施―『ウラハラ・マインド』を持つ、今の若者像が明らかに」株式会社電通、二〇一五年（https://www.dentsu.co.jp/news/release/pdf-cms/2015038-

0420.pdf)

[3] Valkenburg, P.M., Peter, J.: Preadolescents′ and adolescents′ online communication and their closeness to friends. *Dev Psychol* 43: 267-277, 2007.

[4] Kohut, H: *How does analysis cure?* University of Chicago Press, 1984.（本城秀次、笠原嘉監訳『自己の治癒』みすず書房、一九九五年）、

[5] 総務省情報通信政策研究所「中学生のインターネットの利用状況と依存傾向に関する調査（調査結果全体版）」二〇一六年（https://www.soumu.go.jp/iicp/chousakenkyu/data/research/survey/telecom/2016/20160630_02.pdf)

[6] E・H・エリクソン（小此木啓吾訳編）『自我同一性―アイデンティティとライフ・サイクル』誠信書房、一九七三年

[7] 富田英典『インティメイト・ストレンジャー―「匿名性」と「親密性」をめぐる文化社会学的研究』関西大学出版部、二〇〇九年

[8] 熊代亨『「いいね！」時代の繋がり―Webで心は充たせるか？（第二版）』エレファントブックス、二〇一三年（電子書籍）

[9] McKenna, K.Y.A., Bargh, J.A.: Coming out in the age of the internet: identity “demarginalization” through virtual group participation. *J Pers Soc Psychol* 75: 681-694, 1998.

[10] Caplan, S.E.: Problematic internet use and psychosocial well-being: development of a theory-based cognitive-behavioral measurement instrument. *Comput Human Behav* 18: 553-575, 2002.

[11] Liau, A.K., Choo, H., Li, D. et al.: Pathological video-gaming among youth: a prospective study examining dynamic protective factors. *Addict Res Theory* 23: 301-308, 2015.

[12] Wallace, P.: *The psychology of the internet.* Cambridge University Press, 1999.（川浦康至、貝塚泉訳『インターネットの心理学』ＮＴＴ出版、二〇〇一年）

関 正樹 せき・まさき

児童精神科医。福井医科大学医学部卒業。岐阜大学医学部附属病院、土岐市立総合病院を経て、現在は大湫病院に勤務。発達障害や不登校の子どもの診療にあたるとともに、親の会や療育施設の座談会などに出席し、家族支援を行っている。著書に『子どもたちはインターネットやゲームの世界で何をしているんだろう？―児童精神科医からみた子どもたちの「居場所」』（金子書房）、『小児科医・かかりつけ医に知ってほしい発達障害のこと』（南山堂）などがある。

思《し》春《しゅん》期《き》の「つながる気《き》持《も》ち」はどこへ行《い》く？

学《がっ》校《こう》に行《い》きづらい子《こ》どもとネット・ゲーム・SNS

二〇二四年五月三〇日　第一版第一刷発行

著　者　関　正樹

発行所　株式会社日本評論社

〒一七〇・八四七四　東京都豊島区南大塚三・一二・四

電話　〇三・三九八七・八六二一［販売］

〇三・三九八七・八五九八［編集］

振替　〇〇一〇〇・三・一六

装　画　ZUCK

装　丁　青木春香（オクターヴ）

印刷所　港北メディアサービス

製本所　井上製本所

検印省略

©2024 Seki, M.　ISBN978-4-535-56431-2　Printed in Japan